中 第一季

从春秋到盛唐

纪录片《中国》创作组　著

國

学林出版社　湖南人民出版社　上海人民出版社

总出品人	张华立　龚政文　李东珅
总策划	丁　诚　张　勇　蔡怀军
总制片人	李东珅
学术总顾问	王子今
学术统筹	沙武田
总导演	李东珅　周　艳
视觉监制	罗　攀 ASC CNSC
导演	付永强　周　艳
总撰稿	邓建永
前期撰稿	孔丽丽　王登渤　滕　飞
跟组撰稿	金　卉
后期撰稿	卜昌炯
学术指导团队	王　晖（第一集）
	骆　扬（第二、三集）
	史党社（第四集）
	李迎春（第五、六集）
	权家玉（第七、九集）
	王庆昱（第八、十集）
	李　军（第十一、十二集）

在《中国》中获得澎湃的骄傲和平静的自信

《中国》总出品人 张华立

我们为什么要做纪录片《中国》？

思想是时代的回声。众所周知，当代中国经历着历史上最为广泛而深刻的社会变革，也正在进行着人类历史上最为宏大而独特的创新实践。当今时代，最为鲜明的时代背景，就是中华民族伟大复兴的战略全局和世界百年未有之大变局的历史交汇。作为思考和创作的基本出发点，在这复杂的、未来充满不确定性的时刻，追溯我们的历史、梳理我们的文化源流，具有特别重要的意义。

《中国》为什么是"这一部"而不是"那一部"？

首先，《中国》并不是一部传统意义和经典样式的通史，也不仅仅是视频艺术样式带来的区别。比如，春秋三百年，写300集也写不完，但在纪录片《中国》第一季，我们只写了一集，而这一集实际上也就讲了两个故事：第一个是孔子拜会老子的故事，第二个便是陈蔡之厄。前一个故事构成了中华文化最伟大的思想图景，后一个故事则展现了中国精神早期最严峻的时刻。所有的史料都是珍贵的，但史料选择和叙述方式也是珍贵的，我们企图以当代人的眼光观望文化历史，并毋庸讳言地带有浓烈的思想感情。第二，从结构上来讲，《中国》也是一次"长视频精品路线"的尝试——在叙事上，采用了戏剧"从中间打开"的结构，而不是线性的结构。按线性结构叙事，得从上古三代开始说到今天的新时代。而《中国》第一季从春秋开始写到唐代，一共只有12集。同时，我们采用了人像展览式结构。通常来讲，戏剧有开放式、闭锁式和人像展览式，但前两者适合小戏，对《中国》这样宏阔伟大的题材，人像展览式的戏剧结构显然更为适宜。第三，《中国》采用的视听技术标准目前处于视频作品前列，包括4K、全境声的应用等。最后，《中国》的慢节奏、音乐、镜像也有着自己独特的坚持。

如何才能以最佳状态观看《中国》？

欣赏《中国》的最佳状态，大约需要做"四个准备"：一是热爱中华历史文化；二是具备一定的历史常识储备；三是拥有丰富的想象力；四是建议更新一下视听设备。慢慢地、慢慢地看完《中国》，我相信，你能够获得澎湃的骄傲和平静的自信。作为首部以"中国"命名的纪录片，我还有一个奢望，就是特别希望它能够与当代青年达成沟通。

在《中国》里，那些人物已经成为灿烂星辰，而在今天，他们可以是我们每一个人。

为了《中国》

《中国》总制片人、总导演　李东珅

《中国》总导演　周　艳

《中国》，以如此沉甸甸的两个字作片名，是一次令人激动也充满挑战的尝试。

所以，当我们试图用影像对中国历史进行梳理时，这是一部寄托了梦想的纪录片，也是一部充满冒险的纪录片。

第一季从春秋到盛唐。

第二季从唐到新中国。

第三季追溯上古三代。

要完成这样一部纪录片，创作者无论做多少努力，都是应该的，也都是不够的，但这是一次义无反顾的出发。

壹　初心

我们是中国人，我们的祖国是中国。数千年来，中华文明没有断流，这在世界历史上绝无仅有。这是为什么？隐藏于历史深处的力量之源是什么？

今天，每个中国人都在为实现中华民族的伟大复兴而努力。应该怎么做？中国制度和中国思想的源流从何而来？我们想到历史中去，探寻故事、聆听声音、汲取滋养。

正如钱穆先生在《国史大纲》前言中所写："当信任何一国之国民，尤其是自称知识在水平线以上之国民，对其本国已往历史，应该略有所知。""所谓对其本国已往历史略有所知者，尤必附随一种对其本国已往历史之温情与敬意。"

对本国历史能"略有所知"的朴素目的，以及对已往历史的"温情和敬意"，是《中国》一片的创作起点。

中国人历来重视读史明智，历史题材一直是纪录片创作的重要内容，中国历史的悠久和深厚，为纪录片创作提供了不竭的源泉。以往多数历史类纪录片，更注重深入某一段历史、某一个主题或者某个事件、某个人物，挖掘其中的故事和细节。但这样的做法，显然无法满足《中国》这样一个选题的需要。

纪录片《中国》，是一部影像化的中国"通史"，是了解历史发展的简明"大纲"。

正是因为深知历史的浩瀚无边，所以我们从一开始就没有全面书写和穷尽讲述的野心。我们试图用一个更概括、也更清晰的粗线条，勾勒出历史发展的大脉络，形成对历史发展的整体性认知。

某种意义上，这是我们从影视创作者的角度，尝试完成的对中国历史的一次读解——伴随着影像叙事带来的优势和限制，也贯穿着个性化、风格化的表达和呈现。那就是：从大脉络看大逻辑，以大写意绘大趋势。

贰　结构

用影像著史，首先面对的难题，就是大结构。

《中国》第一季，跨越了从春秋到盛唐的千余年时间。我们以思想和制度的发展为主线，将12集分为四个大的历史时期和主题，讲述了中国原生思想的诞生、国家制度的奠基、多民族与多文化的融合，直至全面鼎盛之世的到来。

分集结构取决于总体思路：中国在分、统、乱、治中，形成了一个大一统的多民族国家。不同历史时期，都在某一个维度建立了深厚积淀。

春秋战国（1—3集）：这是中国原生思想孕育诞生的时期。

在人类思想大爆发的轴心时代，中国大地上双星闪耀，老子的"道"与孔子的"儒"，成为中国思想的原点。在纷繁复杂的社会大潮和无休无止的观点论争中，诸多质朴而深邃的见解喷涌而出，为中国文化带来长久的自信和从容，也塑造了中国人的精神家园。

秦汉（4—6集）：这是一个统一的国家成长壮大的时期。

郡县制管理体系的创建和大一统思想的开启，奠定了中国国家形态的根基。在秦汉两代激荡着朝气与雄心的岁月中，逐步确立了以中央集权为核心的国家制度和以儒家思想为核心的意识形态。这两根坚实的支柱，撑起了一个胸怀天下的大国，并从此在世界东方屹立不倒。

魏晋南北朝（7—10集）：这是多民族国家形成的波澜壮阔的时期。

衣冠南渡，鲜卑汉化，佛法东来，胡汉融治。不同地区、不同族群、不同文化，在这一时期不断碰撞、汇聚、吸收、交融。最终，南北方的融合、各民族的融合、多元文化的融合，这些深刻而紧密的联结，为中国注入新的强劲活力，在纷乱中酝酿出浩大奔涌的新气象。

隋唐（11—12集）：这是历史积蓄之力勃发、鼎盛绽放的时期。

当一代代人蓬勃向上的视野被打开，在分、统、乱、治的交替中，一个统一的多民族国家再次生机盎然。隋是一个短促而华丽的高峰，也是一个伟大时代的序曲。之后，唐帝国扑面而来，逸兴遄飞的雍容气度漫天展开，一场风度万千的文明盛宴永远地留在了历史中。

《中国》第二季，将从盛唐继续开始讲述。

叁 叙事

用影像著史，叙事必须先"舍"后"取"。确定了全片的总体思路和大结构，也就决定了这部纪录片的内容选择和基本调性。

我们放弃了对历史系统、连贯、全面的介绍，放弃了编年史的记录方式，放弃了纯主题化的讲述方式，放弃了深入挖掘和考据历史细节。

历史是复杂的，我们要做的是让它简明。

历史是深刻的，我们要做的是让它普及。

历史是由无数点滴构成的，我们要做的，是去除枝叶，留下主干。

历史是由无数偶然构成的，我们要做的，是越过局部，看到整体。

基本史实都在已有的认知框架内，我们做的工作，只是让它们在我们的思路下连接。我们不讲宫斗、权谋，不渲染战争、权变，把社会、生活、经济都作为背景，去探寻历史中沉淀下来的思想价值和制度价值。

遵循这一原则，在历史进程中，选择对后世最具深远影响，以及在当时最具开创性、转折性的重要节点，最具代表性、时代感、最富戏剧性的人和故事，追溯今日中国和中国人如何一路走来的历程。

为此，纪录片的叙事面临着几组必须处理好的关系：

第一，今天和昨天。

我们拍摄的是历史中国，心中想着的是当下中国。中国为什么是今天的中国，历史会告诉我们什么？当我们回望历史，应该看见的是什么？应该记住的是什么？

梳理漫漫来时路，不只是为了了解历史知识，更是为了走好今天和未来的路。

《中国》选择用今天的语言风格、认知体系、遣词造句，将历史娓娓道来。

第二，大脉络和讲故事。

梳理大脉络不等于记流水账，纪录片依然要讲故事。那么，在大脉络下，

《中国》该怎样去选取故事和人物？

生年不满百。每个人都只是历史的匆匆过客。但有一些人，深刻地影响了历史的方向，见证了历史的发展：他们有的创生思想，有的创新制度，有的创造文化，他们将个人命运汇入了历史洪流。

《中国》试图通过这些人物的故事，映照出历史的流变；通过他们的命运感，让历史人格化，而不再是故纸堆里的记载，让今人能更具象地接近那些久远的过去。

第三，文本书写和影像叙事。

数千年来，历史都是以文字的方式记载的，我们习惯了阅读。当文字转变成影像时，话语体系变了，承载的信息量变了。文字的优势在于准确、简约、可抽象；影像的优势在于生动、具体、可感知。但是，把一段史书记载变成一段声画，遭遇的实际是两者的短板：影像的空间有限，如何在有限里涵盖应有的信息？影像有自己的逻辑，如何与文本逻辑协调进而互补？

这是每一次创作都会面临的考验，《中国》因其题材的特殊性，尤其需要找到突破之法。

第四，信息、叙述、观点、情绪的平衡。

仅仅讲故事，是不够的。历史是故事，但历史不仅仅是故事，更需要通过故事有所表达。

仅仅讲人物，也是不够的。历史有情绪，但历史不仅仅是悲欢离合，更需要通过人物有所感悟。

在这样一个浩大的命题下，每一集都要完成基本信息交代、故事的戏剧化、恰当的评点、适度的情感，以及所有这些和历史时代大背景的连接——我们反复调试，努力去找到最合适的、独属于《中国》的表现手法和表达逻辑。

为逐一解决上述难题，《中国》经过历史本、文学本、拍摄本、剪辑本、解说本的数度转换。在策划阶段、文案阶段、拍摄阶段、制作阶段，我们都竭尽全力。这些努力的目的，都是为了让《中国》的叙事，最大程度地形成和保有自我风格。我们希望纪录片《中国》是特别的。

肆　呈现

用影像著史，成败取决于"视""听"。呈现的过程中，我们需要解决的一个核心问题就是：可视性、艺术性和真实性、准确性之间，如何形成一致？

选择了通篇真实再现的手法后，我们面临着两种选择：

一是纪录片式再现。《河西走廊》和很多历史类纪录片采用的就是这一方式，但我们并不想重复。

二是剧情化再现。但我们绝不想把纪录片拍成一部三流电视剧，所以反复强调的就是"去剧情化"。

事实上，无论怎样努力，我们都无法还原真实的历史场景，更无法还原那些事、那些人，无法还原他们的语言，更无法还原他们的情绪和想法。

再逼真的模拟，都还是假的，甚至可能是错的。

所以我们决定放弃，放弃搭建宫殿楼宇，放弃表现细节，放弃特写，放弃对白。用大量全景画面，重点去表现无论古今人们都共通的状态：吃饭，喝水，饮酒；读书，写字，思考；聚会，争论，出行；悲伤，喜悦，兴奋；徘徊，震惊，愤怒……

我们希望历史像一幅画卷那样，慢慢展开，令人怀想。

在摄影指导罗攀的视觉设计下，《中国》打通了纪录片与影视剧的视听语言壁垒，融汇戏剧舞台的假定性和象征性手法，建立起鲜明的、自成一系的美学风格。

用假定性来表现真实感：

一堵高墙，就是一座城池。

一扇大门，就是一座宫殿。

一面壁画，代表了敦煌盛况。

一座屏风，隐喻着一个盛唐。

用不合理来表达合理性：

秦王磨刀——秦王不可能亲自磨刀，但秦王确实在"磨刀"向六国。

始皇看海——宫内墙壁不可能出现大海，但始皇胸中应是波涛汹涌。

汉武帝和贾谊隔空对话——这不可能，但他们的思想交流的确穿越时空。

所有人物汇聚于大唐的盛宴——这不可能，但盛唐之魂正是包容天下。

而《中国》在影像上最大胆的尝试，是全片五十格的拍摄。所有镜头放慢一倍的速度，在已有的假定性上又笼罩了一层。这让全片的视觉效果呈现出彻底的写意风格。

声音系统也在实践同样的美学追求。电影音乐的创作是以画面为基础的，而纪录片需要用音乐先行，引导画面节奏，升华出画面情绪，所以音乐的旋律感至关重要。

《中国》的音乐，既需要有对中国文化的认知，也需要一定的间离感、国际性。

我们希望用音乐作为主线，让一幕一幕的场景连成一部历史大戏。

《中国》的音乐创作不像电影，也不像纪录片，更像是一部音乐剧、舞剧的创作方式：时代不同，故事不同，但人的情感是古今共通的。由此全片拟定了五个音乐主题：忧伤，欢乐，悲伤，爱情，希望。这五个主题贯穿全片，用以表达共通的情感，此外又为每一集的人物和故事单独做了自己的音乐主题，更具体，也更具功能性。

仅仅使用音乐的效果，更像一部散文诗，还缺少能为影像营造环境、氛围的声音。为此我们尝试了全电影化的声音制作模式。不同于写实的环境声，《中国》的拟音和音效以抽象、象征为诉求，它由画面元素出发，但更寓意着画面背后隐藏的情绪。

我们希望写意的美学风格贯彻《中国》全片。

伍　未尽

正如开篇所说，面对《中国》这样一个题目，我们今天所完成的纪录片，只可能是众多表达方式中的一种。

博大丰厚的中国历史，是永远值得珍视的宝藏，值得我们用"温情和敬意"，去追寻，去探求，去展现，去传播。

了解自己从哪里来，几乎是每个人都会有的好奇心。

中国从哪里来？如何走到今天？它为什么会是现在的模样？

祖先在缔造国家的同时，如何塑造了这片土地的精神气质？

我们信仰的理想，看待人生、看待世界的思想和观念，是怎么来的？

不了解历史，就无法认知当下。我们正是怀着这样的好奇心，和同样强烈的敬畏心，走过了长达五年的学习、摸索和创作的过程。

作为一个中国人，我们试图用一部纪录片，去认识自己，更理解中国；去了解历史，更热爱中国。——这也是向所有观众介绍这部纪录片时，最想说的一句话。

本片第一集《春秋》中，有这样一句解说词："理想主义者孔子用近乎固执的行动去实践理想，这远远超出了成败本身的意义。"

创作《中国》，是我们的理想。我们也用了近乎固执的行动，去实践这个理想。

已然竭尽全力，依然诚惶诚恐。

目录

春秋

壹

那是一个宁静的午后。

洛阳城外，阳光透过树梢洒满林间。

远道而来的孔丘和他仰慕已久的李耳做了最后一次交谈。

年轻的孔丘滔滔不绝，既慷慨，又坦诚，讲述了他对时下风气的焦虑和疑惑，

也表达了他对理想社会的强烈渴望。

李耳只是听着，不置可否。

临别之时，李耳终于打破沉默，说道：仁人者送人以言。

他缓缓地送给孔丘一段话。

这段话的意义，直到多年以后，孔丘才会真正领悟。

二人执礼作别。

此刻，他们心中都明白：

今生今世，这样的会面与对谈，很难再有。

李耳注视着孔丘渐渐远去。

有一瞬间，他感觉这个年轻人仿佛正在走进浩瀚星空。

清风徐来，李耳长久伫立，一动不动。

这是发生在两千多年前的一段令人遐想无限的故事。

那遥远而又清晰的光芒，一直照耀到今天。

孔丘所处的朝代被称为"周"。此时，在孔丘生活的黄河流域，人类文明至少已经延续了三千年。

尽管周朝初期，生活在这片土地上的先民已将"宅兹中国"这四个字刻在青铜礼器"何尊"上，但孔丘尚未知晓，自己所在的地方就是后人所说的中国。

青铜礼器是周朝礼制的象征。作为立国之本，周朝建立了一整套完备的宗法制度与礼乐文明，朝贡、祭祀、丧葬、婚娶，都设有规范的仪制，所用乐舞及青铜器物的数量和制式，被用来标志上下尊卑的等级身份，也为整个社会带来安定有序的生活。

但到了孔丘生活的年代，周朝已建立五百多年，国力走向衰落，它所创立的礼乐制度也渐渐松弛荒疏。

孔丘个子很高，他喜欢读书，也喜欢四处游历。按照当时的习惯，他被称呼为孔子。

孔子的家乡在鲁国，也就是今天的山东省南部一带，那里是周朝分封的诸侯国之一。

分封制始于周朝初期，原本是为了加强对地方的统治，结果却带来分裂。数百年间，全国出现了大大小小一百多个诸侯国。它们以周天子为天下共主。

自从周平王为避犬戎之祸，将都城东迁至洛阳，周王朝就开始走下坡路。

面对失序混乱的时局，自幼好礼的鲁国人孔子感到内心困惑。

他萌生了考察社会的念头。

孔子最想去的一个地方，就是东周的都城——洛阳。他最想见到的一个人，是住在洛阳的李耳，后人更熟悉他的另一个名字：老子。

机会来临得稍显意外。

鲁国国君鲁昭公赏赐的一驾马车和一名随从，带着孔子来到他的梦想之地。

眼前所见让他深感震撼。

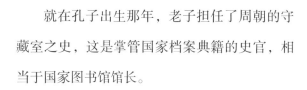

就在孔子出生那年，老子担任了周朝的守藏室之史，这是掌管国家档案典籍的史官，相当于国家图书馆馆长。

周朝以及之前的漫长年月中，知识一直被权贵阶层垄断，学术典籍由王室集中管控，教习传授只限于王公大臣与贵族之间。底层平民是没有学习的路径和权利的。

老子管理的守藏室，几乎集合了当时中国文化的全部精髓。

看到这些凝结着前人智慧和精神的珍贵经典，更增加了孔子对周礼鼎盛时期的崇尚之心。

当然，这一次拜访，他是带着明确的目的来的。他想向老子请教"礼"，证明自己对"礼"的坚持没有错。他更想与老子探讨当下诸多社会问题的解决方案，期待自己的主张能获得认同。

对孔子来说，老子不仅是值得尊敬的长者，更是一个见多识广的智者。

他掌握着这个国家最核心的文化资源，学问渊博而且善于思考，对人生、对自然乃至整个宇宙，都有独到见解。

孔子讲述了自己对礼制分明、伦理规范的周公时代的向往，希望借此拯救正在崩塌的社会秩序。

老子则将世间万物的运行法则称为"道"，主张道法自然，认为人要顺应自然规律行事，不妄为，不强求。他提倡无为而治，执政者应"以无事取天下"。

两个人的观点显然相去甚远。

但面对老子，孔子始终是谦逊的。他并不失望。他来了，问了，他听到了，也表达了。

中国历史上最具象征意味的一次思想交汇与碰撞，如同所有意味深长的大事那样，安静地留在了时间深处。

告别洛阳，孔子踏上返回鲁国的路程。

眼前这个世界让他感到越来越陌生。市井街头，偶尔尚能发现上古之风的影子，那是人与人之间最基本的怜悯与关怀。但那似乎只是短短的一瞬，看起来更像是上一个时代的回光返照。

典章制度和道德规范，随着周天子权力的丧失而日渐崩塌，一切都在不可阻挡地朝着一个方向坠落。诸侯国的烽火正在摧毁的，不仅仅是一个存续了数百年的朝代，还有让这片土地和人民绵延安稳的精神结构。

上层的权力争夺，正一层一层地、由外及内地破坏着世道人心。没有什么比这更加刺痛孔子的内心。他不能容忍天下就这样滑向深渊，他必须要做点什么。

事实上，在拜访老子之前和辞别老子之后，孔子的想法一直没有改变过。他要想方设法地呼唤并恢复周礼。他要把散落在地上的礼制碎片，一点一点拼起来，重新安放进世人的心中。

他当然知道，这是一件非常困难的事。

一切从教化做起。孔子向众人敞开大门。他打破周王朝多年沿袭的官学传统，创办了中国历史上第一所私学。

知识不再是贵族独享的特权。

孔子提出：有教无类。无论出身贵贱、禀赋高下，都应该获得受教育的平等机会。只要交少许学费，哪怕只有一条干肉，就可以到他这里读书、学习。

很快就有大批平民子弟前来求教。

孔子为学生们开设了礼、乐、射、御、书、数六门课程，这被后人称为"六艺"。

孔子办学的地点有个好听的名字——杏坛。这是一所面向平民大众的开放式学校。

孔子要把庙堂之上正在衰落的"礼"传播到村野民间。

"礼"是他所教授的一门重要课程。它代表着秩序、规范、伦理，是维系社会运转、人与人关系的制度纽带。

非礼勿视，非礼勿听，非礼勿言，非礼勿动。孔子认为："礼"是一个人乃至一个国家行事的标准。

以"礼"为基础，孔子提出了他最重要的哲学思想——"仁"。

关于什么是"仁"，他给出过不同的解释。而"仁"的核心就是"爱人"，是做人需要秉持的基本道理。

这位正值盛年的老师有着丰沛涌动的思想，对教育充满热情。

教学相长让知识如清泉一般流动。当越来越多的人拥有思考能力，探问天地人生的奥义开始成为中国人的一种自觉。

在杏坛广收门徒的日子，是孔子人生中少有的一段快乐时光。

然而，接下来发生的一件事，却中断了他正在声名远播的教学生涯。

公元前517年的一天，一个意想不到的消息突然传来：鲁国国君鲁昭公逃走了。

孔子在震惊中赶往国都。

事情的起因，是鲁国权贵季平子与大臣郈昭伯的一场游戏。

二人在斗鸡时相互舞弊，引发矛盾。郈昭伯向国君告状。鲁昭公想借此削弱季平子的势力，派兵攻打。季平子联合鲁国另外两大贵族孟孙氏、叔孙氏反攻。鲁昭公战败，被迫逃往齐国避难。

季平子宣布：鲁国大权由自己接管。

所有人都保持着沉默。

面对这场僭越犯上的军事政变，孔子无比惊愕。

他的愤怒没有带来任何改变。亲眼目睹鲁国国土上的礼崩乐坏，孔子的内心如受千钧重锤。

他一直坚定地信奉和传播"君君、臣臣、父父、子子"的理念——国君要有国君的样子，臣子要有臣子的本分。

而鲁国刚刚发生的一切，分明就是君不君，臣不臣。

礼在何处？仁又在何处？这个世界还会变好吗？

孔子追随鲁昭公到了齐国。

在齐国，孔子和他的思想并未受到重视。几年后，他重新回到鲁国。

公元前510年，那个曾经赠送马车、随从，成全孔子去见老子的鲁昭公，死在流亡的路上。

这一年，孔子42岁。

大时代里的个人命运总是由不得自己做主，包括天子在内。

历史正在走向下一个路口，周天子号令天下的时代一去不返。诸侯国群雄蜂起，割据一方，为了土地、财富和权力，相互间攻伐不断。

在孔子出生之前，已先后有五个诸侯国依次称霸。争斗愈演愈烈，距离孔子想要的礼乐复兴却愈行愈远。

重新回到鲁国的孔子蛰伏了很久。他的弟子子路、冉求等已相继步入政坛，各自施展抱负。孔子一面教书，一面静观其变。

十数载光阴过得很慢，也很快。

鲁国会需要他吗？他的政治理想能实现吗？

他在等待。

终于有一天，他等来了鲁国新任国君鲁定公的邀请。

公元前501年，51岁的孔子被任命为鲁国中都的地方官中都宰，相当于现在的市长。

一年后，他升任司空，主管工程建设。接着又升任大司寇，主管司法。56岁这年，他以大司寇一职代理鲁国国相。

孔子走到了从政生涯的巅峰。

参与治理国政三个月，鲁国的内政外交就大有起色，百姓安居乐业，各守礼法，四处路不拾遗，宾至如归。但孔子自身的处境却变得内外交困。

孔子没有忘记当年贵族势力对国君的威胁。他对鲁定公说："臣子没有私藏的武器，大夫不能拥有周长300丈的城邑。"

为符合礼制，他下令拆毁鲁国最有权势的三大贵族的城邑。

　　遭到反对几乎是必然的。这个被称为"堕三都"的行动半途而废，孔子与权贵间的矛盾却已然埋下。

　　而鲁国的良好局面也引发了邻国的关注。东北面接壤的齐国十分不安，担心孔子的作为会令鲁国称霸。他们采取的对策很简单，就是设法阻止孔子主政。

　　眼见当权者一步步陷入齐国的计谋，孔子深感失望。于是，他再一次离开鲁国。

　　重新踏上旅途的孔子已经56岁了，但他的心情竟不算太坏。既然鲁国承担不起自己的政治寄托，那就另寻明主吧。

　　而且这一次，他并不是一个人上路。一众弟子相随，至少让他不再孤独。

　　怀抱着希望和理想，辛苦的行程也就不乏浪漫色彩。这群布道者目标明确，他们游走各国，就是为了广播"仁"和"礼"的主张，寄望能为执政者所用。

　　他们首先来到卫国。因为被人在国君面前说了坏话，只待了十个月便匆匆离去。

　　前往陈国途中，孔子被匡地的人误识为仇人而身陷囹圄。弟子恐慌，孔子安慰他们说："周文王虽然没有了，但周的礼乐文化不都还在我们身上吗？上天若想灭周礼，便不会让我们掌握。如果上天不想灭周礼，那匡人又能拿我如何？"

到了宋国，孔子带着弟子在大树下研习礼仪。宋国司马听说后，想要加害他们，就把大树砍了。弟子催促老师快点离开，孔子却依旧坦然："上天既然赋予了我德行，那他又能把我怎么样呢？"

抵达郑国时，孔子不慎和弟子走散，独自一人被落在外城东门。有人告诉他的学生子贡，说东门有个人，瘦瘠疲惫，好像一条丧家之狗。

子贡找到孔子后，将旁人的描述转述给他，却引来孔子哈哈大笑："然哉！然哉！说我像丧家之狗，那个人说得很对啊。"

这一路，茫茫四野，有迷路不知前途的时候，也有人困马乏风雨交加的时候。

他们被盗贼抢走过财物和车辆，也被很多人侮辱过，嘲笑过。有时候连小孩子都会讥讽他们。

孔子已过耳顺之年，他已经是个老人了。

他所经历的这段颠沛流离，被后人取了一个轻松的名字——周游列国。其中的甘苦况味，恐怕只有孔子和他的弟子们才能体会。

东周列国留下了他们的足迹，这群人时而衣衫褴褛形同乞丐，时而鼓琴论道指点天下。或许那个轻松的名字并没有取错。风声也好，雨声也好，孔子的弦歌一路不断。他以理性的中庸之道面对每一次挫折，却从未动摇。

他是一个屡败屡战的勇者。

尽管在世人看来，孔子是如此的怀才不遇，失意落魄。他拜访了一个又一个国君，被一个又一个国君拒绝。

君王们此刻只关心一件事：如何才能成为下一个霸主。礼制仁爱，显然无法帮助他们立时开疆拓土，即刻成就霸业。

这是一次漫长的、不知终点在哪里的旅途。一行人走走停停，就这样走过了匆匆数年。

究竟该往哪里去？他们并没有计划。

每一次出发，可能是因为突发的战乱，也可能是因为任性而善变的君王，因为诸侯国力量的此消彼长，以及随之冒出来的新的机会和召唤。

他们的脚下似乎没有方向，但心中却有方向。

理想主义者孔子用近乎固执的行动去实践理想，这远远超出了成败本身的意义。

公元前489年，在外游走数年的孔子，遭遇了人生中最严重的一次危机。

事情听起来很有些荒谬。吴国攻击陈国，楚国发兵相救。原本这只是诸侯国间的普通一战。楚昭王听说孔子此时正好在陈、蔡两国交界的地方，就派人去请他。

陈、蔡两国的主事大夫得知后，非常恐慌。

之前他们没有听取孔子的诤言，心里却知道孔子所讥讽的句句切中时弊。这

样的贤人如果为楚国所用，恐怕会对自己不利。

为了不让孔子去楚国，陈、蔡两国派人将孔子一行围堵在荒野之中。

行动受阻，食物不足，弟子们病倒了很多，一个个脸上露出饥苦之色。

一天，两天，三天，围困没有丝毫放松的迹象。粮食就要断绝，大家都饿得站不起来了。只有孔子，却像什么事都没有发生一样，照常讲经说道，诵书弹琴。

一些弟子支撑不下去，三三两两地离开了。

子路对这个无妄之灾很是不悦，他忍不住去问老师："君子也会有如此困窘的时候吗？"

孔子回答他："君子即使身陷困境，也会有自己的坚守；小人若遇到困境，就只会胡作非为。"

虽然给子路的答案一如往常的坚定明确，但这一次的困厄实在性命攸关，非比寻常。

孔子的心中也并非没有疑问。

他逐一召来各个弟子，问了他们同一个问题："我的主张难道有什么不对吗？我为什么会落到这个地步呢？"

子路说："也许是我们的仁德还不够，所以别人不信任我们；也许是我们的智慧还不足，所以别人不肯放行。"

孔子反驳他："如果仁者一定会让人相信，那伯夷叔齐怎么会饿死在首阳山？如果智者就能畅行无阻，那王子比干怎么会被纣王剖心？"

子贡接着前来应答。他说："夫子的学说太渊博、太宏大了，所以没有国家容得下你。夫子可以稍微降低一下标准吗？"

孔子批评他："不好好修习学问，反而降低自己去迎合，你的志向太不远大了！"

最后一个作答的，是孔子最喜欢的弟子颜回。

颜回的话说到了他心里："虽然不被天下接受，又有什么关系呢？我们没修好夫子之道，是我们的耻辱；我们修好了夫子之道却未被采纳，是当权者的耻辱。"

孔子听完，欣然而笑。

时间又过去了一天，最后一点充饥的稀粥已经见底。陆续又有看不到希望的弟子选择离去。

这或许是孔子一生中对自己最为怀疑的时刻。现实的困境和内心的困境，一起包围了他。

和弟子们的交流，更像是他的自我拷问："我的主张难道有什么不对吗？我为什么会落到这个地步呢？"

他应该无数次地问过自己这样的问题，也应该无数次地回答过自己。

回望走过的道路，他想起了多年前洛阳城外的那个下午，老子的临别赠言仿佛预言了他必将遇到的磨难。

老子说："聪敏深察之人离死亡很近，因为他喜欢议论别人；博学善辩者常常招致危险，因为他喜欢揭人之短。"

在招致危险并且离死亡很近的这一刻，孔子完全理解了老子的苦心。他觉得自己从来没有离老子这么近过。

又一个黑夜降临。

被困数日的孔子，期望能从神秘的卦象中看到未来。如果每个人都有自己的天命，他的天命到底是什么呢？

主张一切顺其自然的老子，已经打算辞官隐世，云游四方。那是老子的理想。

孔子却始终关心着现实世界。知其不可为而为之，正是孔子主动选择的天命。

被围困的第七天，孔子派去向楚昭王求救的子贡，终于带着楚国的兵马回来了。

天亮了。此前所有的饥饿、困苦、挣扎、怀疑、隐忍、委屈、愤懑，顷刻间烟消云散。

整整七天七夜，恍若重生。

后世有言：上天若没有降生孔子，中国的历史将万古如长夜！

七日之围如同一个思想史上的寓言。孔子从未停止寻找出路，为受困的弟子，为受困的自己，也为受困的中国。

摆脱围困后，孔子打算前往楚国。楚昭王已准备将七百里地分封给他。那个南方的大国，会是他们可以立足的地方吗？

共同面对过生死考验，让师生们更加珍惜同行的每一段路。

孔子越来越像是一个精神领袖。他们还不知道，楚国的王宫里正发生一段对话。

大臣向楚昭王提出：楚国祖先受封时，封地只有五十里。孔子总在重申周朝法度，倘若任用他，楚国还怎么能堂堂正正地拥有现在这方圆几千里之地呢？给

孔子封地，加上贤能的弟子辅佐，这可不是楚国之福。

楚昭王于是作罢。

没过多久，这位赏识孔子才能的楚国国君就死了。

意望又一次幻灭。

途经一处渡口时，孔子遇到了一个让他此生都很难忘掉的人。

这个人名叫接舆，看起来行为乖张。人们称他为"楚狂人"。

接舆大摇大摆地从孔子面前走过。一边走，一边唱：凤兮凤兮，何德之衰？往者不可谏，来者犹可追！

凤凰啊凤凰，你的德行为什么衰落至此？过去的已经无法挽回，未来的还可以迎头赶上。

孔子很想叫住他，跟他聊上几句。

但接舆没有给他机会，头也不回就走掉了。

在很多解读里，接舆是那个来给孔子当头棒喝的人：过去的时代虽然美好，

但终究是要过去了，不如面对未来吧。

经过了陈蔡之围的孔子，对很多事都不在意了。触动他的，或许是接舆唱的最后一句：已而已而，今之从政者殆而。

罢了，罢了，现在从政的人都岌岌可危。

孔子已经失去对政治的热情。之后，他拒绝了在卫国做官的弟子子路的执政之请，并告诫子路：名不正则言不顺，言不顺则事不成，事不成则礼乐不兴。

他心中念念不忘的，也许从来就只有礼乐这一件事。在世人眼中，孔子又何尝不是一位狂人呢？

周游列国十四年后，孔子终于回到鲁国，回到属于他的杏坛。当年跟随他出游的弟子多已学成出仕，孔子在家乡继续开课授徒。相传，他一生弟子三千，有贤人七十二。

但这些都难以安慰暮年的孤独。

悲伤的事情一件件接踵而至。他最心爱的弟子颜回突然病死，陪伴他最久的子路死于战乱，唯一的儿子也先他而去。

生命的最后几年里，孔子沉迷于《易》，他翻来覆去反复研读，以至于编连竹简的皮绳断了多次。他似乎从中看到了超越个体人生的、更加复杂的宇宙和自然。

这部四十多年前在老子的图书馆里一扫而过的著作，现在他终于能体会到其中玄妙。他也终于，懂得了老子。

公元前479年，病重已久的孔子等来了弟子子贡。

他从病榻上慢慢起身，迎上前去。

用尽最后一丝力气，远远地冲子贡喊道：你为何来得这样迟啊！

这一年，孔子73岁。

【七日后，孔子去世。】

岁月苍茫。曾经，在一个温暖的春日黄昏，孔子独自来到大河岸边。看着川流不息的河水，他发出了一声悠远的感叹："逝者如斯夫，不舍昼夜。"

时间像流水一样消逝。

孔子知道生命的有限和遗憾。终其一生，连孔子自己都未必意识到，他肩负的使命有多么宏阔。

他以一己之力游说天下，进而创生了一套独特的思想体系。后世称为"儒家"的学说由此开启。他所编撰修订的《诗》《书》《礼》《乐》《易》《春秋》六部著作，被奉为儒学经典。

孔子的一生遭受了太多的非议和质疑，承担了太多误解。他在生前并没有获得期望中的成功，甚至一再失败。然而，这正是一个理想主义者的光荣。

正是他的那些在当时不被理解、不被需要、不被欣赏的思想，深深地影响了中国两千年。

这些思想，如同一条亘古不绝的大河，滋养了一代又一代中国人，川流不息，不舍昼夜。

一个彬彬有礼的时代结束了。后人用"春秋"二字，为这个时代命名。

几乎在同一时期，人类迎来了一次非凡的思想大爆发。

伟大的思想家集中涌现，古希腊有苏格拉底、柏拉图、亚里士多德，以色列有犹太教的先知们，古印度有释迦牟尼。他们提出的思想命题与伦理原则，缔造了不同的文化传统。

有人将其称为人类文明的"轴心时代"。

就在那个伟大的时代，在亚洲东部的中国，老子和孔子双星闪耀。他们站在中国思想史的原点，成为后来者仰望的高山。

在没有了老子与孔子的岁月里，寒暑易节，春种秋收，大地依旧在按照自己的节奏运行。历史也在跌宕起伏的纷争中，继续向前伸展。

众声

贰

在楚国首都，一个人的鼻尖上不慎溅了一点白石灰。

那层白石灰薄得就像苍蝇的翅膀一样。

这个郢都人特别爱干净，便请石匠用板斧把它削掉。

石匠笑了笑，便拎起锋利的板斧。

只听见一阵板斧声响过后，这个郢都人的白石灰被削得干干净净，而他的鼻子却完好无损。

宋国的国君听说此事，盛情相邀，请来那个石匠，对他说：也请你照样为我削一次好吗？

只见石匠又笑了笑，说：大王，我的确是这么削的，但是，能让我这么削的那个人已经死了很久啦！

这是一个寓言，是庄子路过他的好朋友惠施的墓前时讲的，被众人口口相传。

在那个时代，人们喜欢用寓言表达思想。众声喧哗。

他叫墨翟，众声当中，他的声音很响。

墨翟出身平民，做过牧童，学过木匠，对机械技术和自然科学怀有异于常人的热爱与钻研。他的著作中有专业性极强的实用技术与策略，有器械的制作技艺，也有攻击与防守的战场组织布局。

墨翟做了人类历史上第一个小孔成像实验，发现了一个重要的光学原理：光在同一种介质里沿直线传播。

他对自然科学有着同时代人罕见的精深认知，他的抽象能力和严密的逻辑思维，与他探索的力学、声学和数学知识一起被记载下来，开启了中国最早的科技理性。

而墨翟也在这个过程中形成了自己的世界观。

墨翟曾求学于儒家，是孔子的信徒。但渐渐地，他开始成为儒家的批评者，认为儒家的观念华而不实，尤其是一些繁文缛节，非常不利于社会发展。

之后，他自立门户，在各地聚众讲学，抨击诸侯国的暴政，并将自己的技

术、经验传授给学生。大批手工业者和下层士人开始狂热追随他。

这是世界上最早的风筝——木鸢。

它的创造者就是墨翟。墨翟门下，是一个纪律严明、苦行僧一般的组织，人称墨家。

公元前440年夏天。正在讲学的墨翟，忽然听到一个消息：楚国要对宋国发动战争。

在战事频频的年月，这并不算太特别的事情。但墨翟立刻做了两件事：

第一，派三百精壮弟子前去宋国协助守城。

第二，自己动身前往楚国。

墨翟昼夜兼程，走了十天，来到楚国国都，劝说楚王放弃攻打弱小的宋国。

楚王表示，那不可能。因为当世最有名的工匠鲁班已经为他造好了可以凌空

而立的云梯，那是前所未有的攻城利器。

墨翟却自信地说：我有破解云梯之法。

楚王自然不会轻易相信。于是，墨翟提议和鲁班模拟攻守战阵。

此时的战争已发展到类机械化时代，成败的关键不在于士兵多寡，而在于谁掌握更强大、更先进的器械。

鲁班发明过很多建筑工具和军械兵器，以心灵手巧名动天下。楚王也因此而觉得胜算在握。

结果，鲁班进攻了九次，被墨翟击破了九次。

最后，鲁班盯着墨翟说："我懂得怎么赢你，可我不说。"

墨翟明白，鲁班的意思是要杀了他。

他毫不畏惧地回应："我的弟子已经手持墨家制造的器械在宋国的都城严阵以待，即便杀了我，你也无法取胜。"

墨翟的才智、态度和毋庸置疑的信念，浇灭了楚王心中的战火。最终，楚王放弃了攻宋的想法，一场箭在弦上的战争被墨翟化解。

墨翟与宋国毫无利害关系，宋国也没有请他帮忙，但他仍不惜冒着生命危险从中斡旋。

墨翟提倡"非攻"，反对一切战争。

他信奉"兼爱"。不分远近亲疏，不分贵贱，不分地域国别，对所有人都施以平等的爱，这便是兼爱。

从楚国回乡，途经宋国时，天下起滂沱大雨。

墨翟想到巷子里去避雨，守巷口的人却把他赶走了。没有人知道，这个人刚刚为宋国解除了一次强大的威胁。

墨翟不以为意，回到雨中，踩着草鞋踽踽独行。

这便是墨家精神，以天下为己任，不计个人得失。为正义，为苍生，赴汤蹈火，死不回头。

当墨翟告别这个世界后，遍布各国的墨家弟子把他的学说推向巅峰。

越来越壮大的墨家，成为儒家的主要反对者。

【很多年以后】

墨家的"兼爱"与"非攻"并没有阻挡天下的纷争，接连而至的战火把中国带入一个新的历史时期——战国。

战国的仗打了一百多年后，一个新的思想家登场了。

他叫孟轲，儒家的继承者。

孟轲是战国时代的邹国人，距离孔子家乡鲁国不远。用他的话说，就是"近圣人之居"。

和孔子一样，孟轲也是幼年丧父，身世坎坷。学成之后，他选择一边教书，一边游历，坚定不移地捍卫和发扬儒家学说。

和孔子周游列国时相比，一切如此相似，一切却又大不相同。孟轲行之所至，是随处可见的战争废墟；孟轲目之所睹，是毫无节制的征战杀伐。

他听到无数苦难的声音，和心跳声交叠在一起，填满胸膛。

此时的中国正处于历史上第一个大分裂时期。

周王室名存实亡。经过旷日持久的争霸和兼并，春秋初期一百多个诸侯国，到战国时只剩下二十多个。

其中实力最强的有七国，韩、赵、魏，齐、楚、燕、秦。"战国七雄"的格局逐渐形成。

孟轲已经年过四十，他将旅途中最重要的一站选在了齐国。

吸引他的，是一个叫稷下学宫的地方。那是齐国国君下令在临淄建立的一所高规格的学院，广招天下士人。"稷"是临淄的一座城门，稷下学宫由此得名。

乱世让很多人流离失所，却也给了知识分子一展才智的舞台。为壮大实力，各国执政者打破贵族政治体制，敞开大门，延揽人才。

稷下学宫，就是当时最有影响力的讲学议政之所。这是中国历史上第一所官方主办却由民间学者主持的高等学府，知识界的领袖云集在此，纷纷登台。宽松的氛围，让各种不同的思想都得以自由抒发。

那是一个生机勃勃的年代，人人都想发出自己的声音。后人为它起了个名字——百家争鸣。稷下学宫成了百家争鸣的中心。

尽管社稷崩塌，政局动荡，但每一个拥有情怀和抱负的人都并不沮丧。他们为理想而生，为信仰而奔走天下。

孟轲很快意识到，在这里，一个人若不大声疾呼，就没有人能听到他的见解。

与儒家争鸣的对手中，以墨家和道家杨朱学派的势力最大。两派相互攻击，但影响都很大，以至于孟轲感慨道："天下之言，不归于杨，即归墨。"

当然，他不会站在任何一边。很快，孟轲就想好了批驳他们、并且宣扬儒家学说的方式。

稷下学宫的庭院里，辩论随时都会发生。焦点问题往往就是两个：该怎样治国，该怎样做人？

诸子百家为无道的天下开出了各自的药方。

儒家倡导仁爱。

墨家信奉兼爱。

儒家所倡导的仁爱，是一种建立在血缘亲情基础上的爱，分亲疏、远近，并以此建立社会秩序，实现天下大同。

而墨家信奉的兼爱，则要求视人如己，爱人如己。国与国、人与人，都应该用平等、无私的爱去照亮彼此。

在辩论场上，只有金刚怒目的讲演和振聋发聩的语句，才有可能被人记住。孟轲要让儒家的声音成为洪钟大吕。

孟轲和人们记忆中中庸迂腐的儒者没有一点相似。他阳刚自信，话锋犀利，到了稷下学宫没多久，就以"好辩"而声名鹊起。

不出所料，他对杨朱和墨家的大声批评，一鸣惊人——杨氏为我，是无君也；墨氏兼爱，是无父也；无父无君，乃禽兽也。

尽管儒家和墨家唇枪舌剑交锋不断，但二者都有坚定的目标和追求，也都有明确的原则和底线。在那个道义不常被人提起的时代，这样的坚持弥足珍贵。

孟轲言辞激烈，只是为了传播一个平和温暖的理想。他将孔子的一个"仁"字，发展成切实可行的政治方法——"仁政"，主张用"老吾老以及人之老，幼吾幼以及人之幼"这样的仁心治理国家。

他认为执政者应该亲民，与民同乐，唯有得民心，才有可能得天下。

"民为贵，社稷次之，君为轻"。战国风云下，孟轲的理念如此稀有珍贵，但显然又那么不合时宜。所以，尽管在稷下学宫获得了一些声望，当政者齐威王却并没有起用他。

孟轲决定离开齐国，为心中的理想寻求安放之地。

为了让自己的观点被更多人听见，这个时代的人们选择用讲故事的方式表达思想。

其中有一个人故事讲得最好。

一天，他做了一个奇怪的梦，梦里他变成一只蝴蝶。醒来后，他分不清究竟是自己梦中变成了蝴蝶，还是蝴蝶梦中变成了自己。

他的名字叫庄周。

庄周年轻时，曾担任宋国的漆园小吏。后来，宋康王发动宫廷政变，逐兄篡位，他便打消从政的念头，辞去职务，回乡靠编织草鞋为生。一个原本寂寂无名的乡野村夫，在天地中窥见了自然的奥秘。

春秋时期，老子的追随者创立道家。他们用"道"来解释宇宙万物的构成和变化。庄周自成一派，成为道家的重要代表。

他思想中的智慧与机锋，他用意象构建的哲学世界，让中国人用成百上千年的时间，去猜测、领悟以及误解。

庄周大概是最喜欢鱼的哲学家。他常常钓鱼、吃鱼，也常想象自己就是一条鱼，自由自在地游走于天地之间。

庄周说："相濡以沫，不如相忘于江湖。"没钱了他就去卖草鞋，肚子饿了他就去钓鱼。身无长物，却逍遥快乐。

他西游魏，东游鲁，南游楚，北游赵，飞扬无边的想象力，让他写出了独一无二的文章，鸟兽虫鱼都被他讲成了故事。

那是一个无拘无束的、有趣的灵魂。

一天，庄周来到魏国，看望老朋友惠施。此时惠施刚做了魏国的国相，有人对他说，庄周也是来谋取相位的。

惠施吓了一跳，忙派人搜捕庄周，搜了三天三夜。庄周却突然出现在他面前。

他给老朋友讲了个故事："南方有种鸟叫鹓鶵，你知道吗？这种鸟儿不是梧桐树就不栖息，不是竹子所结的果实就不吃，不是甘泉就不饮。它从南海飞往北海时，路上遇到一只猫头鹰，嘴里叼了只腐烂的老鼠。猫头鹰以为鹓鶵是来抢食的，就对着鹓鶵大叫一声：吓！现在，你也要为了你那魏国的相位来吓唬我吗？"

惠施无言以对。即便如此，庄周仍然把惠施当作最好的朋友。

这就是庄周，一个喜欢用寓言表达对世界看法的哲人。

庄周从未造访稷下学宫，也从不参与公开场合的口舌之争。不过，他很喜欢

与惠施辩论。

有一天，庄周和惠施来到濠水边。

庄周：你看河里的鱼游得很从容，它们真是快乐呀。

惠施：你又不是鱼，你怎么知道它们快乐？

庄周：你又不是我，你怎么知道我不知道鱼的快乐呢？

惠施：我不是你，确实不能说了解你。但你也不是鱼，那你也一定不了解鱼的快乐。

庄周：你一开始就问我是怎么知道鱼的快乐的，那说明你已经默认了我知道鱼是快乐的。

庄周喜欢辩论，但他却认为辩论的最高境界，就是什么都不说。

什么都不说，继承老子衣钵的庄周，推崇人与人之间平淡、质朴的关系，他说：君子之交淡如水。

老子说过"上善若水"，庄周同样喜欢水的虚静、恬淡。山水之间，他畅想着"天地与我并生,而万物与我为一"的逍遥游。

就在庄周寄情于自然的时候，孟轲正怀揣儒家理想，辗转于一个又一个国君之间，他想尽自己最大的努力改变世界。

孟轲喜欢循循善诱，从浅显的道理入手，一点一点把话题引向深处。

在魏国，他用杀人做类比，希望能击中魏惠王的心。

孟轲：用刀子杀人和用棍子杀人有什么不同吗？

魏惠王：没什么不同。

孟轲：那么用刀子杀人和用政治杀人有什么不同吗？

魏惠王：没有。

孟轲：厨房里有肥肉，马厩里有健马，可是百姓却面带饥色，野外躺着饿死的人，这就是政治杀人啊！当政者还有什么资格做人民的父母？

孟轲用心良苦，但魏惠王希望听到的，并不是这些。

当时各国国君希望听到的，都不是这些。

眼前是弱肉强食的现实环境，是各种迫在眉睫或隐藏于暗处的危险，他们急于找到快速强大的良策，以避免灭国之灾。

正义、仁爱、亲民，在国君们看来，那是遥远虚幻的，并且毫无力量。

这是各国关系最复杂、军事最活跃、局势最莫测的一个时期。

战国七雄中，西边的秦国和东边的齐国最为强盛，形成东西对峙之势。于是，各国之间形成了两种外交关系。

一种是南北向的弱国结盟，合成一条纵线，联合起来抗击齐国或秦国，这被称为"合纵"。

另一种，是位于中间的弱国和两大强国之一结盟，西连秦，或东连齐，连成一条横线，攻击其他弱国，这被称为"连横"。

而那些鼓吹合纵或连横的游士，如张仪、苏秦、公孙衍等，就有了一个特别的称谓——纵横家。

纵横家在诸侯混战中如鱼得水，但儒者孟轲不关心一国如何打败另一国，他更同情人民的疾苦。

一次次碰壁后，孟轲再次将目光投向齐国。这个创建了稷下学宫的国家，应该是与众不同的。他觉得有必要再试一次。

这是孟轲第二次来到齐国。

冷知识

被误解的
"楚王好细腰"

很多人以为"楚王好细腰"说的是楚王喜欢腰身纤细的女性，其实并非如此。《墨子》记载："昔者楚灵王好士细腰，故灵王之臣皆以一饭为节。"意思是说楚灵王喜欢细腰的男子，所以朝中大臣每天只吃一顿饭来控制腰身。

跟上一回遭受冷遇不同，这次他似乎来对了。他遇到一个看上去很赏识他的国君。

新任国君齐宣王是个雄心勃勃的年轻人，对孟轲十分尊敬，将他奉为客卿。

孟轲以为，机遇终于到了。他与齐宣王论政，直陈社会积弊，大谈仁政主张。

场面有些尴尬。孟轲慷慨陈词，齐宣王有时竟无言以对，只好顾左右而言他。

尽管常被问得狼狈不堪，齐宣王对孟轲依然算得上宽容。在他眼里，孟轲是思想的先驱和贤德的楷模，他希望自己的臣民都以孟轲为榜样。

但是，一心称霸的国君，不会有兴趣整天谈论仁义道德。另有一个流派的知识和主张，都更加实用有效，齐宣王视其为振兴齐国的利器，那就是兵家。

兵家隐藏在战争背后，运筹帷幄，决胜千里。他们是战国时代不可或缺的狠角色。

齐国先后出过两位著名的兵家代表。一位是春秋晚期的孙武，代表作《孙子兵法》被尊为"兵学圣典"。他的后代孙膑同样是兵家传奇。孙膑主张以进攻为主的战略，提出以寡胜众、以弱胜强的战法。

这才是齐宣王心中可以雄霸天下的力量。

一天，孟轲又来拜见齐宣王。他试图继续游说齐宣王放弃占领燕国的念头。

公元前315年，燕国发生内乱，齐国趁机派兵伐燕，意欲吞并燕国。齐宣王曾请教孟轲的意见，问他能否取胜。孟轲回答："燕民悦，则取之。燕民不悦，则勿取。"但齐宣王早已有了自己的决定，他只是希望获得这位贤人的支持之名。

孟轲想要再劝。

齐宣王不想再听。

在齐国群臣看来，孟轲口中的民贵君轻、仁者无敌，无疑是可笑的，不识时务的。

孟轲意识到自己的期待再次落空。他向齐宣王请辞。齐宣王表示挽留，被他谢绝了。孟轲似乎去意已决。

走到齐国边境时，孟轲突然停了下来。

他停留了三天。这可能是他一生中最漫长的三天。很难再遇到一个像齐宣王这样礼遇自己的国君了。一旦离开，毕生的理想将再无实现的机会。

只要齐宣王还有施行仁政的可能，哪怕希望再渺茫，他都愿意等待。

齐宣王的确想把孟轲留在身边。但就像其他诸侯一样，他也承认孟轲的主张"迂远而阔于事情"。各国都在变法图强，哪有时间留给收效缓慢的仁政呢？

第三天的黑夜降临，孟轲依然没有收到任何消息。

睡意恍惚中，他感觉一切似幻似真。曾经的意气风发，与梦想背道而驰的现实，最后的一线希望，以及大失所望。

孟轲知道，没必要再做无谓的等待了。

弟子充虞见他闷闷不乐，问道："夫子不是说过，君子不怨天，不尤人吗？"

孟轲轻叹一声，答道："此一时也，彼一时也。"

太阳再次升起时，孟轲离开了齐国。他想，也许是天下大治的时机还没有到，那就继续走下去吧。如果要平治天下，当今之世，舍我其谁？

孟轲走过的路，悲壮，但豪迈。有一瞬间，孟轲仿佛看到，他用尽一生去追随的孔子就走在他的前方。或许先师孔子也走过同样的路。

孟轲相信，终将有人继往开来，虽千万人吾往矣。

孟轲不幸赶上了一个崇尚武力的时代。在诸侯国纷纷追求"霸道"而非"王道"的时代背景下，他竭力推行的"仁政"还没有可以落地生根的土壤。

但孟轲也并非全然不幸。

在富有创造力的壮年，他发现了自己此生的使命，这是莫大的幸事。二十多年游

历，他收获的并非只有挫败。对使命担当的全力以赴虽然万分艰苦，却也充盈了他的精神世界。

此后的岁月，孟轲回到家乡。

孟轲和先师孔子的命运轨迹仿佛一再重叠。同样的生不逢时，理想被现实撞得粉碎。孟轲也保持了和孔子同样的通达：达则兼济天下，穷则独善其身。

孔子留下坦荡荡的君子之风，孟轲坚定地修炼浩然正气。他们从未放弃过自我人格的修养。

之后两千多年，做一个君子，成为中国读书人的毕生追求。

除了继续教书，孟轲和一众弟子把自己关于政治、教育、哲学、伦理的思想观点写成了一本书——《孟子》。

春秋战国之际，由孔子弟子及再传弟子编纂的《论语》已经成书，和《孟子》一起，成为后世儒家必修的"孔孟之道"。

孟轲乐观地说：父母俱在，兄弟无故，一乐也；仰不愧于天，俯不怍于人，二乐也；得天下英才而教育之，三乐也。被后人铭记的"君子三乐"由此而来。

"天将降大任于是人也，必先苦其心志，劳其筋骨，饿其体肤，空乏其身……"这是孟轲留下的千古名言，这也是他跌宕人生的真实写照。

【公元前289年，孟轲去世。】

濮水边，庄周又在钓鱼。两个楚国使者带着珍珠玉帛，奉楚威王之命来请庄周出仕，而且直接许以宰相之位。

庄周的肚子饿得咕咕直叫，他看了看一无所获的鱼筐，对楚人讲了个故事："我听说楚王有只神龟，已经死了三千多年了，楚王仍将它用布包着，用竹盒装着，珍藏于庙堂之内。请问，这只龟是宁愿死了留下骨头让人尊崇呢，还是宁愿

活着，拖着尾巴自由自在地在烂泥中爬行呢？"

楚人想了想，回答："愿意拖着尾巴在烂泥中爬行。"

他们已经知道庄周的答案。

进则儒，退则道，就这样，儒与道成为中国历代知识分子的两重选择。

如果说孟轲教导士人如何在世事沉浮之中保持赤子之心，那么庄周则为失意者开辟了一条心灵的归路。

他们二人平生是否相见，后人无从得知。唯一可以确定的是，他们穿越庙堂，行过原野，老在江湖，最终都在内心找到了生命的归处。

创立于乱世的稷下学宫，很快就在战火中衰败。当后人凝视诸子百家的舞台，无不为那段时光的丰盈和璀璨所震撼。

在那个众声喧哗的年代，中国诞生了一大批不同观念、不同主张的学术流派，波澜起伏，蔚为壮观，广为流传的至少有十家。

他们在思辨中创造出令人目眩神迷的言语与故事，留下了恒久流传的文化烙印。

由孔子和老子阐发的中国原生思想，沿着星河变幻的轨迹向前演进。

在纷繁复杂的社会大潮中，在无休无止的观点论争中，在苦难中，在希望中，许多质朴而深邃的见解逐渐生根发芽、成长壮大，直至结出硕果。

有多少死亡，就有多少新生。那些喷涌而出的哲思和激情，如同新生命的蓬勃律动。一切才刚刚开始，却无比新鲜、无比生动。

他们的自由飞扬，为中国文化注入了长久的自信和从容。

他们的声音，穿过战火纷飞的年代，穿过喧嚣与沉寂，直击中国人的心灵深处。

洪流

叁

公元前359年初春，秦国政府在栎阳城的南门竖起一根木棍，并宣称，如果有谁愿意把这根木棍从南门扛到北门，赏十金。

从南门到北门的距离并不远。这么近的路，这么轻的工作，政府竟然愿意花费十金？围观的人都觉得不可思议，他们议论纷纷，无人上前。

奖赏迅速升至五十金，还是同样的任务。

有人站了出来。

出乎所有人意料，当他完成任务后，竟然真的拿到了赏金。

一个言而有信、法度严明的政府形象，通过这样一次社会实验很快树立起来。

这成为一个大国崛起的开端。

九十三年后的盛夏，一个名叫荀况的儒家学者来到秦国。

此时秦国已成为战国七雄之首，但"儒者不入秦"的法则依然被默认。

荀况是数百年来第一位进入秦国的大儒，儒家学者视他为异类。

而荀况不顾声名也要探究的，是天下人共同的疑问。

公元前278年，秦军伐楚，占郢都，烧夷陵，楚国国破。

这一天，天空中飞来悲雀无数，遮天蔽日，凄鸣不止。残破的大地上，丢魂失魄的人们脑中只有一个念头：跑。

跑向哪里？他们并不知道。

这是战国末期。经历多年混战，曾经的战国七雄，强弱正逐渐揭晓。以公元前284年燕国联合秦、赵、魏、韩，几乎灭齐为标志，昔日秦、齐两大强国间的均衡被打破，秦国从此一家独大。

面对强秦，七国中领土面积最大的楚国决定放手一搏，却被秦国的60万大军攻入了都城。郢都被破，无数楚国人流离失所。

这一天，仓皇奔逃的人群中夹裹着一个疲惫的中年人，他就是荀况。

恰好在楚国游学的他，与百姓一同遭遇了战乱。此时此刻，孱弱的荀况和所有人一样，心中只有一个念头——活下来。

荀况是赵国人，年少时便学习了《春秋》等儒家经典。在百家争鸣的汹涌思潮中，他选择孔子作为精神导师。

来到楚国前，荀况已在齐国的稷下学宫求学、授课十余年。正是因为燕、秦、赵、魏、韩五国的联手伐齐，稷下学宫被迫停摆。无奈之下，荀况选择南下楚国。

然而，不息的战事如影随形。一切如同六年前那场大战的重现。

到处都是离乱、伤痛，血色漫无边际。眼睁睁看着楚国，这个立足南方数百年的大国被秦国重创，所有人都无能为力。

作为一名稷下学者，荀况非常了解当时各个学派的学说，但它们都不足以解释面前的这些无助与祈求，这些血与火，爱与恨，善与恶。

荀况深受刺激，他反复拷问自己：这一切什么时候才能结束？他一个手无寸铁的书生，又能为结束这一切做点什么？

逃亡的路上，荀况决定重回稷下学宫。阅历和判断告诉他：思想依然是最有力、也是他唯一拥有的武器。

和多数固守传统的士人不同，荀况一直有着更开阔的胸怀与视野。他并不排斥儒家以外的诸子百家，也不偏信儒学先辈的观点。

荀况与孟子的性善之说针锋相对，提出了性恶论。他认为，人不同于禽兽，不在于人之性，而在于人之行。人并不是因为本性中无法避开道德才有道德，而是因为人知道应该具备道德，所以才努力向善。

因此，他重视制度，强调规则。要结束世间纷乱，只能靠人的努力，而不是寄希望于天命轮回。

他的想法在当时是很激进的，以至于很多人质疑他到底是不是一个真正的儒者。

而荀况现在有了一个更加激进的想法，他想寻找儒家与其他学派兼容会通的可能性。

重新回到齐国后，荀况很快参与到恢复稷下学宫的工作中。

他把楚国文化和游楚心得分享给学生们。同时，他也日夜思考一个问题。这个问题曾困扰过孔子、孟子等数代儒家学者，那就是——怎样才能让儒学为现实政治所接纳？

而此时的变局，在这个难题上又附加了一个新的参照——秦国，这个西部小国，为何能以变法崛起，而令其余六国闻风丧胆？

荀况决定亲自去秦国看一看。

秦，起家于周王朝最西端的偏远之地，在贫瘠的自然环境与周边各部落的环伺中艰难求生，终因养马有功被周王封为附庸，逐渐发展为诸侯国。

而现在，秦国铁骑已经遍布各国，攻城掠地，势不可挡。

在世人眼里，以法家治国的秦仍然是一个拒绝礼制、未经开化的虎狼之国，也因此有了"儒者不入秦"的说法。

虽然如此，但荀况还是决然地出发了。

沿泰山北麓、济水南岸前进，一路西行，风尘漫漫。过了函谷关，就是秦国的领地。

踏上这片强大而陌生的国土，荀况心绪复杂。

　　数十年间，各国无论是王侯公卿还是普通百姓，没有人能忽视秦国的存在，也没有人能躲过它的巨大阴影。

　　然而，荀况发现，那些在战争中被降服的人，随后成为秦国子民，他们并没有恨意，反而对秦国抱有认同甚至好感。

　　在这里，土地私有性质下的男耕女织得到鼓励，军功爵位也不再是贵族的特权，而是人人可以争取的社会身份。

　　荀况观察了一路。

　　他真实地感受到了"法"的力量。百姓淳朴畏法，官员恭俭忠信，政府的行政效率之高，超乎想象。秦国的法度就像他们崇尚的黑色一样，冷静，理性，不容置疑。

　　这一切的源头，就在九十三年前那个徙木立信的地方。幕后主导者是一个名叫商鞅的人。

　　从一根木棍开始，秦国立起政府的权威。荀况深刻感受到了隐藏在法家思想背后的中央集权

对于一个国家的重要性。

秦国的国君和丞相接见了荀况。

荀况毫不吝啬地赞美秦国国内安然有序，同时叹服：秦国能够在诸国中胜出，不是幸运，不是偶然，而是必然。

但荀况也直言不讳，批评秦国只重法制，在严刑约束与利益诱惑面前，民众成了只知耕战的工具，国家成了一部高速运转的战争机器。

荀况提议，要重视道德教化的力量，不要一味信奉武力。但是，踌躇满志的秦国君臣，根本没有将儒家放在眼里。秦王更是直言：儒者无益于治国。

眼前金黄的原野犹如一席盛宴。荀况心知，对这个意欲称霸天下的国家来说，自己只是一个局外人。

法和儒真的水火不容吗？荀况有些不甘。酝酿已久的美好设计，以及支撑着他来到秦国的信念和勇气，忽然间消失了。秦国，此刻就像它所秉持的法一样，冰冷无情。

就在荀况离开秦国不久，秦、赵两国会百万大军于山西长平。时人这样形容这场战役：长平之下，血流成川，沸声若雷。

最终，秦军以20万伤亡的代价打败赵军，并将40万赵国降军全部活埋。

荀况明白，秦国的政治制度再一次彰显了它的强大威力。同时他也更加清楚，那里不是他能够实现政治主张的国家。

公元前255年，年近花甲的荀况再次来到楚国，并在楚国丞相的提拔下，出任兰陵县令。

距离兰陵西南数百里外的楚国上蔡，生活着一个默默无闻的郡小吏。

他叫李斯，出身布衣，写得一手漂亮的毛笔字，在郡里做的工作是基层文书。平日里为数不多的娱乐，就是带着儿子，牵着黄狗去城外打野兔。

他就这样活到了30岁。享受着一个普通人所能拥有的全部安稳与快乐，也承受着一个普通人不得不笑纳的平凡与卑微。

空虚的生活，就像石子被抛上天空，缥缈得不知会落向何方。但也许他生来就是属于天空的，只是需要一个机会。

终于有一天，李斯决定不再过假装快乐的生活，他要做一个有为的士人。

拜师求学，就是改变人生的第一步。

在离上蔡不到200里的一个小村落，一个叫韩非的人刚刚游学归来，正准备再次出发。他是韩国王室公子，拥有李斯不可企及的起点。

但他同样不快乐。

韩国是战国七雄中国力最弱的。而且，韩国挡住了秦国东出的门户。秦国几乎年年向东方发动攻势。韩国屡战屡败。

为逃避战乱，韩非只好到这个离韩楚边境不远的小村落避难。

与李斯不同的是，韩非日思夜想的不是个人的命运，而是如何让韩国由弱变强，摆脱亡国危机。

他动身前往兰陵，希望找到救国之方。

就这样，李斯和韩非，两个出身完全不同的年轻人，不约而同地拜到荀况门下。

荀况知道李斯和韩非都是难得一见的青年才俊，他经常与这两个徒弟纵情山

野，把多年的思考讲给他们听。

曾经，圣人制定礼乐，并以此治理国家。但礼乐教化收效时间过于漫长，而且一旦人们违礼，则无从约束，以政府强制力为后盾的"法"，恰好可以弥补"礼"的这一不足。

平治天下，必须礼义与刑法并重。于是，荀况援"法"入"礼"，取儒法理念各自的优势，提出礼法互补的治国模式。

时间在不知不觉中流逝。就像兰陵盛产的美酒一样，荀况的思想经过发酵、沉淀，日渐成熟。

此时他已进入暮年。他想把自己的治国蓝图和政治理想，托付给最看重的两个弟子。

但无论是李斯，还是韩非，他们求学都带有明确的现实诉求，对于老师的治国之道，他们有各自的看法。

荀况虽然提倡礼乐与刑法并举，但他始终坚持儒家才是最根本的解决之道，应以礼乐为本，刑法为辅。

李斯则以秦国为例，提出相反的意见。他说：秦国四代胜出，在四海之内兵力最强，他们所依靠的并不是仁义，而只是根据眼前的现实去做。

对于李斯来说，秦国的政治就是治国的最好榜样。

荀况一向鼓励学生发表观点，但李斯的言论却遭到他的激烈反驳。他告诫李斯，看问题要看到根本，不要只看到表面。虽然看上去秦军战无不胜，但其实已是与全天下为敌的末世之兵。正是因为这个时代大家都舍本逐末，所以世道才会如此混乱。

荀况是深刻的。未来的历史将验证这一点。

韩非说话不多，思想却是静水流深。尽管接受了荀况的很多观念，但韩非也

敏锐地认识到儒学的弱点。

他认为，儒家以孝言治，但百姓却很少能胸怀大义，所以仁政行不通。儒家有德无势，不能进行有效的统治。治国不能依赖明君贤臣，而必须在庸君庸臣的基础上来进行制度设计。

急切想要挽救国家危亡的韩非，最崇拜的人不是老师荀况，而是以一人之力扭转了秦国命运的商鞅。

商鞅变法之后，秦国逐渐以法治代替礼治，以军功代替世禄，以中央集权代替领主分治，社会生产力得到了极大提升。

韩非总结商鞅、申不害、慎到这三位法家代表人物的思想，主张君王应该将"法""术""势"三者结合起来治理国家，并且明确提出"法不阿贵"，在律法面前不分贵贱，有权有势的人也要受到同样约束。

李斯佩服韩非的学识才华，韩非则欣赏李斯的乐观果决。而且，他们对法家有着惊人的一致认同，他们都认为，思想要服务于政治，必须顺应时代需要。

思想者以思想结盟。在指点江山的激扬岁月里，二人结下了兄弟般的情谊。

韩非曾经说过这样一句话：左手画圆，右手画方，不能两成。既然认定了"法"的道路，那就要专注地、纯粹地走下去，用超乎常人的定力和坚不可摧的信念，走下去。在这一点上，他和他的同门师兄李斯，有着不言而喻的默契。

世事之艰难，有如涉水前行。李斯和韩非都不确定自己会走向何方，何处是激流涌动，何方是暗礁险滩。但在兰陵共同度过的日子，让他们内心多了一份无言的笃定。

他们互相理解，互为知己，有时他们觉得可以一直结伴而行，共同实现胸中凌云之志。

虽然两个学生都背弃了荀况的儒家根基，但在天下大势的判断上，师徒三人却有着一致的结论——数百年的混战局面即将结束。

李斯自认为学识不如韩非。而且，韩非所追寻的是世间至理，李斯则注重学以致用，他更想通过这种方式改变命运。

李斯自信会走出一条与同学和老师不一样的路，因为他有勇气赌上自己的人生。

公元前256年，秦国军队攻破周王城洛阳，周朝的最后一位天子被废，象征天子权力的"九鼎"宝器被搬到秦都咸阳。

很明显，决出最终胜负的日子越来越临近。李斯仿佛听到来自西边的无声召唤。他向往那片土地。

那一天，兰陵的天气很好，是一个适合远行的日子。

最喜欢的两个学生就要走了，荀况的心情五味杂陈。他知道，此一去，师徒间就是永别。

李斯和韩非分别要去往不同的地方。

李斯虽然是楚国人，但他深知天下的未来和自己的未来都在秦国。

他说：机不可失，时不再来，现在秦王要吞并天下，称帝而治，正是布衣游士显身手之际。

所以他选择去秦国。

韩非选择回到韩国，祖先基业是他一生都无法背弃的。

韩非第一次发自内心地羡慕李斯，他虽然贫贱，却是自由的，他没有任何羁绊，只为自己而活。

人各有志，荀况从来都是一个宽容的老师。他一生见证过许多大事，但此时就连他也无法判断，这两个学生谁的选择是正确的。

荀况遗憾自己不一定能看到终局，尽管他对终局无比期待。

李斯沿着荀况当年的脚步，西行踏上秦的土地。

未来的他们，会在哪里相见？

并肩走过求学岁月的两个人，就这样背负着各自的使命和愿望，走向各自的命运，也走进了战国末期风云变幻的历史洪流中。

来到秦国后的李斯，并没有等待很久。

他积极地向秦国的权臣自我推荐，以期进入官场，并抓住一切机会让自己的才华被注意到。没有人知道，他的野心比才华还要大。

有一天，他收到秦王嬴政召见的消息。

历史为李斯准备了一个秦国，也为秦国准备了一个李斯。现在，他们正式相见了。

13岁登上王位的嬴政，很早就有了统一天下的想法。他之前的数代秦王，业已为他打下雄厚的基础。

李斯出现的时机刚刚好。他献上了兼并六国的构想：阴遣谋士，重金收买六国大臣，不为秦所用者，利剑杀之，然后军事进攻。

嬴政确定，眼前这个外表平平的读书人，能够帮助他实现梦想。

从此李斯得到提拔重用。

随着秦国的不断扩张，十年间，李斯的地位扶摇直上。

同样的十年，韩非的生活则是苦闷而压抑的。

他回到韩国时，韩国国土仅剩下都城及附近的十多座城邑，是七国中面积最小、军事力量最弱的国家。

韩国位于秦军东出函谷关后的必经之地，因此一直处于强秦铁蹄的威胁下。为求自保，它已向秦国称臣纳贡多年。

出身王室的韩非忧心不已。他多次上书国君，陈述富国强兵的方略，却始终不被采用。

每一个时代都有它辜负的人。滚滚洪流中，个人命运微不足道。但对救国无门的韩非来说，被辜负的却是全部的天赋才智和赤诚之心。

韩非不甘心平生所学就这样埋于暗椟。于是，他将政治见解付诸笔端，写下了集法家思想大成的《孤愤》《五蠹》等十余万字的著作，被后人辑为《韩非子》一书。

韩非早已清晰地看到，这个时代与以往显著不同，如果还用先王之政治理当世之民，那就像是守株待兔。

韩非观察犀利，下笔汹涌，对世事鞭辟入里。读到他文章的人，无不惊叹拜服。然而，只有他的祖国，韩国，仿佛从来没有听到过这些宝贵的意见。

浮云般逝去的年华里，陪伴韩非的只有他的笔，和从不在人前出鞘的剑。虽然不被韩国重用，但他不会放弃。他感到自己的血仍在沸腾，心仍在跳动。

公元前233年的一天，已经身居高位的李斯来到咸阳城外，他要亲自去迎接一位客人。

来人正是他的同门师弟——韩非。兰陵一别，两人已有十四年不曾见面。

点名要韩非前来秦国的人，是秦王嬴政。他无意间读到被传入秦国的《孤愤》《五蠹》，抚掌感叹道：如果能和此人畅谈一番，死而无憾！

李斯告诉秦王：作者韩非，是我曾经的同学。

于是，始终不被重视的韩非就这样被韩王送到了秦国。

李斯认为，他或许终于可以跟韩非携手，共同辅佐秦王，开创前无古人的功业。但一切都不复当年，他们彼此间的地位彻底翻转了。

李斯从昔日的一名小吏，变成天下最有权力的秦王身边最有权力的重臣；而韩非，则从王室贵公子，变成生死握于他人手中的一枚外交棋子，是韩国用来讨好秦国的一个人质。

李斯在瞬间突然醒悟，梦一般的兰陵时光再也回不去了。

韩非很快被嬴政召见。

嬴政正在酝酿发动攻灭六国的战争。他准备采纳李斯的建议，先扫除最近的障碍韩国，同时对其他国家形成震慑。

此事已成定局，嬴政信心满满。他希望从这位法家巨匠身上得到一些做帝王的学问。但韩非却偏偏逆向而行，他献上《存韩》一书，要求保全韩国。

这显然不是嬴政想要的策论。

李斯明白，纵使遭受了那么多冷遇，韩非心里永远无法割舍故国。所以，他们注定只能成为敌人。

李斯深知，韩非以及他的存韩论，与自己的主张正好背道而驰。他建议杀了韩非。

嬴政有些犹豫。他下令先将韩非囚禁起来，再做决定。

失去自由的韩非没有等来可能的一线生机。他等来的是师兄李斯，以及李斯送来的毒酒。

李斯不会容忍任何障碍阻挡秦国，阻挡自己。

韩非已经做了所有该做的事，尽管他的疾呼无人倾听，尽管祖国弃他如敝屣。

这一刻，他更像是一个明知不可为而为之的儒者，而非冷静实用的法家。

命运如此弄人。最赏识他的人，是祖国最大的敌人。最理解他的人，是眼前

要置自己于死地的旧友。

在生命的最后瞬间，韩非似乎更能理解李斯：或许李斯才是对的，他才是那个更专注、更纯粹的铁腕法家。

如果说还有什么可以聊以慰藉，那大概就是他和李斯之间的默契了。

韩非猜想：眼前这个最好的朋友和最强的对手，将会把自己的学说发挥到淋漓尽致。

【韩非死后的第三年，秦国攻陷韩国。】

自灭韩开始，秦国开启统一六国的征伐。

公元前228年，秦军俘虏赵王，占领赵国全境，赵公子逃到代郡。

公元前225年，秦军包围魏都大梁三个月，城破，魏国灭亡。

公元前223年，秦军占领楚都寿春，俘虏楚王，楚国灭亡。

公元前222年，秦军攻取燕国的辽东，燕国灭亡。进而进攻代郡，扫除赵的残余势力，赵国灭亡。

公元前221年，秦军攻进齐都临淄，齐王投降，齐国灭亡。

自此，天下皆归秦国。五百多年的春秋战国宣告终结。

一个时代的帷幕急速落下，一个新的时代迅疾来临。

嬴政用十年的时间，完成统一大业。数代人苦苦追寻而不得的理想，似乎正在实现。

人们放下刀枪，从战场上走下来，奔赴荒芜已久的家园。

影响了中国数百年的分封制度，就此开始沉寂。由分封制衍生的世袭贵族阶层，也随之被打破。

当天下再次成为一家，原先依附于各诸侯的臣民，被纳入一个新的统一的国家组织。他们被赋予平等的法律地位，并以户籍的形式，紧紧与土地捆绑在一起。

个体的力量空前壮大。国家和人民，开始了崭新的关系。曾经散落四方的人心，逐渐归拢一处。

这将是一个完全迥异于过往的新国家。无限可能在孕育。当然，一切都还需要时间，更需要智慧。

统一六国这年，秦帝国挑选天下最好的工匠，打造了一枚国玺。

嬴政选择来自西部的和田玉，让工匠刻上李斯用小篆书写的八个字——受命于天，既寿永昌。他期待秦帝国能和这块玉玺一道，传给一代又一代子孙。

此刻，那些芸芸众生、贩夫走卒都在观望。

李斯可能会想起老师荀况当年说过的话：兼并别国是容易做到的，但巩固凝聚它却是很难的。

是的，这个看上去已经统一的国家，如何才能长治久安、世代相传？

一統

肆

如日中天的法家思想照耀着刚刚完成统一的秦王朝。

同样冉冉升起的、当世最成功的法家李斯，此刻却感受到烈日般的灼烧——它来自赢政的怒意和申斥。

完成天下霸业的赢政厌倦了"王"这一称谓，他没有兴趣成为下一个周文王、周武王，也不想与大禹、商汤相提并论。

他需要一个专属于自己的新称谓，由他而始，千秋万代。

群臣议论不休，但在廷尉李斯看来，或许这个新的称谓就在赢政心中。李斯和同僚们要做的，不过是将它猜出来。

君心难测。

咸阳宫内，灯火通明。

咸阳宫外，山川大地一片寂静。

这是公元前 221 年。

嬴政总算等来了讨论结果，大臣们向他汇报说，古代有天皇、有地皇、有泰皇，泰皇最尊贵，所以建议用泰皇。

嬴政否定了他们提供的称号，宣布自己的决定：去掉"泰"字，留下"皇"字，采用上古"帝"的位号，就叫"皇帝"。

国家最高统治者的称谓就此凝固。皇帝，成为中国历史上至高无上的名词，两千多年未曾改变。

与皇帝一同诞生的，是一个全新的国家。

老练沉稳的李斯内心激荡。作为秦王朝的重要缔造者，他将一生的成败、荣辱，都与这个国家紧紧捆绑。

他赢了，但也老了。不过，李斯做好准备，要为这个新国家的整体设计倾尽毕生之力。

秦朝已将周朝土地尽数纳入版图，涵盖长江、黄河两大流域，东至辽东、西抵陇西、南据岭南、北达阴山。

尽管过往的周王室在名义上也拥有疆域相近的土地，但各个诸侯国都有相对独立的政治、行政体系。

显然，始皇帝不想沿用周朝的方式来管理他的国家。但他并没有事先制定详细计划，而要想换一种方式，难度很大。

始皇帝和他的群臣只能摸索前行。

持续数百年的兵戈杀伐结束了。恍如一梦，百废待兴。

军事上的胜利只是第一步。始皇帝需要采取一系列措施，让从前的六国子民顺服于他。

大秦铁骑已扫平六国，但反抗复辟的势力仍在各处涌动。习惯了战争的人们还不熟悉和平，习惯了对立的人们还不熟悉交流。

　　始皇帝想到了一个策略——将六国贵族和富豪尽数迁入秦国都城咸阳，这样既可以监控他们的举动，又能繁荣咸阳经济。

　　但要彻底消除兵戈隐患，这还远远不够。

　　有一天，咸阳宫前突然竖起12尊巨大的金色铜人。这些铜人是始皇帝下令收缴天下兵器，集中到咸阳熔化铸造而成。

　　没收兵器，是一种最直接的息武方式，也是一种饱含警示意味的象征。

　　赫然矗立的12铜人，向天下昭示了始皇帝不容争辩的威权和神圣。

　　军事问题暂时不是焦点了。始皇帝向李斯和群臣提出下一个问题：这个新国家要建立一个怎样的政治体制？

　　人人心知肚明，这是根本中的根本，要害中的要害。跟随始皇帝打天下的群

臣，现在面临治天下的制度选择。

过去几十年，尤其是最近这十年，他们几乎全部都选对了。而一朝站在权力的峰顶，他们不得不变得小心翼翼。

有大臣提出延续分封制。因为六国旧地远离秦朝政治中心，所以应该参照周朝旧例，把秦朝王子们分封到各地镇守，以此保持国家的稳定。

分封制看上去比较稳妥，既有先例可循，实施起来又相对简单，因此得到了多数官员的赞同。

但李斯隐约猜到，这不是始皇帝心中的意图。当初，周朝的建立者把天下分封给王族子弟和功臣，然而，随着时间流逝，曾经的亲族关系疏远，逐渐如仇人般相互攻击，诸侯间战乱不休，直至把周王朝带向深渊。

李斯："如今仰赖陛下的神威实现一统，四海之内皆为国家的郡县，诸子功臣都得到了重赏，这种局面很容易治理。天下没有二心，这就是国家安定之法。"

这才是始皇帝想要的，一种强化中央权力的全新的国家管理体系。

这套体系，后来被命名为郡县制。

早在半个世纪前的秦昭王时期，秦就有设郡的记载。后来，秦国逐渐变为一个对全体人口实行有效控制的国家，最大程度地汲取了社会资源，最终赢得统一战争。

如今，天下初定，始皇帝决定，把这一行之有效的制度推广至全国，以全面的郡县制取代分封制。

秦帝国的统治框架设计一锤定音。

始皇帝下诏，在帝国版图上共规划设计了36个郡，郡下辖若干县。郡与县的最高行政长官由皇帝直接任命。县以下设乡，乡下设里，为帝国最基层的行政单

位。此外在乡里还有掌管治安、盗贼的专门机构，叫作亭，亭设亭长。

郡县制的根本，就是以皇帝为核心，通过郡、县、乡、里的垂直管理，使得中央政令能够快速抵达基层，以此实现中央对地方的有效管理。

对中国影响深远的中央集权制度由此启程，并成为后世一直沿用遵循的国家体制。穿越两千年风雨，其中郡县制演变为迄今仍在运行的省、市、县制。

这应该是始皇帝一生中最忙碌的日子。

他从来没有管理过如此辽阔的疆域，以及如此庞大而复杂的人群。他要求自己每天至少审批60斤重的文书，不审完，不休息。

当制度从想象的天空落到真实的地面时，始皇帝感受到从未有过的压力。

七国间的战乱虽已结束，但一种新的混乱才刚开始。

全国各地语言不同、文字不同，一份诏书无法让所有人都读懂；各国道路宽窄不一，车轨尺寸混乱，一辆车无法通行全国；各地计量标准不一，货币不相通用，跨地区的货物交易阻碍重重……

如何才能让皇权像设计中那样，有效地触达全国？

咸阳宫里，大大小小的会议接连不断，夜以继日。

李斯主持制定了从中央机构的三公九卿到地方郡县官吏的一整套文官体系，并在商鞅的基础上，进一步推广严密细致的《秦律》和户籍赋税管理制度。

通过编制户籍，以"户"为单位将人纳入国家组织；打破宗法制下的阶层等级，赋予人平等的法律身份，从此所有人都是国家的子民，依法纳税和服役。

这就是"编户齐民"，它也成为此后历朝历代的核心制度。

有形的规章容易建立，无形的阻隔却依然存在。始皇帝知道，要突破这些阻隔很难。

这也是年近不惑的始皇帝思考最多的一段日子。

他幼年时险中求生，青年时戎马倥偬，做的比想的多。但现在，他常常会不由自主地陷入沉思，看起来波澜不惊，内心却波涛汹涌。

他似乎看到了未来的模样。那是比一统六国疆域更大的梦想，是一项至今没有人开创的伟业，是更彻底、更深刻、更全面的大一统。

他成竹在胸，正在把心中的宏图徐徐打开。

李斯可能是最了解始皇帝心思的人。

他深知，无论号令天下还是统一思想，有一件事迫在眉睫，那就是统一文字。

秦国的文字系统，上承西周大篆，经过长期演变，形成了拥有自己特色的秦文字。之后又逐渐出现简化趋势。随着兼并战争的展开，秦把本国的文字不断推行到占领的土地上。

秦国文字最不缺的就是开放性，现在，始皇帝要以一次前所未有的文字改革，规范整个帝国的书写方式。

李斯不负始皇帝所望，一种新的字体很快诞生，在秦文字基础上进行大幅简化以便于书写，名为小篆。

有国家机器作为强力后盾，"书同文"的政令急速下发。

六国文字被废除。李斯手书的小篆被作为字体的标准范本在全国推行。

与此同时，在秦国旧都泾阳以北的云阳监狱，一个名叫程邈的囚犯开始书写另一种新字体。

他身陷囹圄，却同时背负皇命。始皇帝听说他对文字颇有研究，命他参与改革文字。

狱中数载，程邈有足够的时间对当时六国文字中出现的"隶变"进行总结归纳，最终整理出三千个新体字，这就是"隶书"。隶书比之小篆更加便捷，能极大提高书写效率。

始皇帝听闻后大喜，将程邈释放出狱，还拜为御史。

秦朝没有皇后

秦始皇38岁称帝，直到49岁去世，都没有立皇后。秦灭六国后，实际上制定了后妃制度，但也没有正式立后。后来汉承秦制，才正式出现了中国历史上的第一位皇后，即刘邦的原配吕雉。

隶书于是成为秦小篆之外另一种主流字体，在实际的公文书写中被大量使用。

文字的统一，使中国大地上的文化交流与融合有了最稳固的载体。此后，中国历史上虽然出现多次分裂，但文字却长期统一，即使演变更迭，字形、字义始终规范一致。中国文化能得到长久不断的传承，其中文字的持续稳定意义重大。

接下来要解决的，是经济生活的制度问题。

关于物品的长度、体积、重量，六国都曾有一套属于自己的计量标准，器型各异，单位不同，量值不一。

李斯上奏始皇帝，建议废除六国旧制，统一度量衡。

始皇帝迅疾批准。

秦的度量衡法制起源于商鞅变法。一百多年前，商鞅就为秦国的度具、量器、衡器制定了严格的数据，并监造了标准器。现在李斯要做的，便是把前辈商鞅做过的事，推行到秦帝国全境。

度制：以寸、尺、丈为单位，采用十进制计数。

量制：以合、升、斗为单位，也采用十进制计算。

衡制：以铢、两、斤、钧、石为单位，24铢为一两，16两为一斤，30斤为一钧，四钧为一石固定下来。

为了有效地统一制式、划一器具，李斯从制度上和法律上采取措施，以保证度量衡制的精准实施。

精准化的治国方略下，货币改革紧随其后。

　　始皇帝下诏，废除原来秦以外通行的六国货币，在全国范围内统一货币。

　　秦朝规定，以黄金为上币，以镒为单位，每镒重24两，以铜半两钱为下币，一万铜钱折合一镒黄金，并严令珠玉、龟、贝、银、锡之类作为装饰品和宝藏，不得当作货币流通。货币的铸造权归国家所有，私人不得铸币，违者定罪。

　　其中圆形方孔的半两钱，俗称"秦半两"，"半两"二字为李斯所书。因造型设计合理、使用携带方便，这种圆形方孔钱一直沿用到清朝末年。

　　经济生活上了轨道，帝国的道路交通更亟待统一轨道。

　　当时主要的交通工具是双轮车。日积月累，路面会留下深深的车辙。不同的车辙，会极大阻碍其他型号的车辆通行。

　　始皇帝下诏，将全国建造的车辆车轨宽度统一规定为六尺，"车同轨"可以确保其在所有道路上畅行无阻。

与之配套，大规模的道路修筑工程在全国范围内快速展开。

秦帝国以京师咸阳为中心，设计修建了两条驰道：一条向东，通到过去的燕、齐地区，也就是今天的河北、山东一带；一条向南，直达吴楚旧地，也就是今天的湖北、湖南、江苏、浙江等地。

八年后，又修筑直道，由九原郡直达咸阳，全长900公里。战事发生时，内地的大军和给养，就可以顺着这条最大坡度不超过10度的国防干线火速增援。

另外，秦帝国还在今天的四川、云南地区开山凿岩，修筑了虽然狭窄但重要性堪比驰道的五尺道；征服岭南后，又在湖南、江西一带修筑了攀越五岭的新道。

就这样，一个以咸阳为中心的交通网连接起全国各地，成为帝国的生命线，如血脉般贯通了整片国土的活力。

他叫喜，生于公元前262年，秦国人。

秦军伐赵时，他曾参加过许多次血肉横飞的战场厮杀。退役后，他成为秦帝国安陆县一名普通公务员，掌管文书。

安陆县距离都城咸阳很远，但这里的人们同样能感受到帝国的万象更新。

这个叫"喜"的地方基层小吏，把他的所见所闻都记录在了文书里。

他勤奋，细心，年复一年，日复一日，借着微弱的烛光，在竹简上工整记录下当天的工作笔记。

他总共写了53枚竹简，共550字，合称为《编年纪》。

秦始皇二十八年，也就是公元前219年，喜见到了巡游中的始皇帝。他在竹简上记下四个字："今过安陆"。

在平定六国、统一天下的第二年，始皇帝就开始了他待望已久的计划——巡游天下。

他的权力触角已经延伸到全国，他要亲自去感受自己开创的帝国盛景。

喜见到始皇帝的这一年，始皇帝正在进行他的第二次巡游。

为了声张帝国意志、宣扬威德，为了考察军事和政务，始皇帝先后五次巡视全国，足迹所至，北到今天的秦皇岛，南到江浙、湖北、湖南等地，东到山东沿海，并在多地留下刻石，表彰自己的功德。

此外，他又依传说中的古代帝王惯例，前往泰山封禅，祭告天地。

始皇帝成为实践天子四方巡守思想的第一位帝王。

完成了对帝国政治、经济、文化制度的全部改造，始皇帝终于可以用一把而不是七把尺子丈量他的国土，用一种而不是七种文字下达他的号令。

他享受着作为历史创造者的无上荣光，以及，似乎终于到来的四海升平。

公元前213年，泰山封禅的六年后。

又一次巡游归来的始皇帝心情很好。他在咸阳宫摆设酒宴，70位博士上前献酒颂祝。

博士是掌管书籍、通晓史事的官员。他们歌颂始皇帝平定海内、建立郡县的壮举，其开创和平、免除战祸的功德必将传诵万世。

此时的秦帝国，严厉而强硬的各项律令正被下发到国家的每一个角落。

中央集权的效果正在全面显现。郡县制的施行和全国道路的修筑相得益彰，各地区的民众渐渐习惯于统一的文字、货币和度量衡，最初的强制执行已经转变为自觉遵守。

一切都在始皇帝的掌控中向前运行，他的帝国生机勃勃。

可就在一片歌颂声中，响起了一个不和谐的声音。

一位名叫淳于越的博士站出来，直言道："不遵循以前的制度风俗，政权是不能长久的。请求始皇帝以古为鉴，恢复周朝分封制，巩固疆土。"

秦朝成立前，淳于越曾经是齐国博士，对于修身、齐家、治国、平天下有着熟稔的认知。

尽管法家是秦崛起的利器，但始皇帝在建立秦朝后并没有独尊一家，而是继续接纳了许多士人，博采众家之长。于是，各种不甘于渐次平淡的思潮，在秦帝国暗流涌动。

淳于越作为一个传统知识分子，提出了复古的要求。但这个声音一旦发出来，就不可能代表他一个人。

在始皇帝听来，这是对帝国政治根基的挑战。

很快，这次讨论发酵成一次大规模的关于政体和文化的观念冲突。

始皇帝把淳于越的意见交给群臣议论。

李斯起身反驳："五帝的制度不相重复，夏商周的制度也不相因袭。可是，他们都凭着自己的方法治理好了国家，这并不是他们有意要和前代相反，而是因为时代变化了。当今陛下开创大业，建立起万世不朽之功，这本来就不是愚钝的读书人所能了解的。"

这不仅是两种不同的意见，更是治国理念的冲突。冲突背后隐含着新与旧的道路选择，开天辟地的始皇帝必须要做出选择。

"如今天下已经安定，法令皆出陛下一人，百姓在家就该致力于农业生产，读书人则学习法令刑禁。现在这些儒生不学今而效法古，以此否定当世，惑乱民心。臣请求陛下下令，让史官把秦国以外的史书一律烧毁。"

李斯坦陈了自己的想法——非常时期，就事论事，莫不如严禁百家学说，统一意志，强化法家思想，树立中央集权的威信，彻底断绝一切复辟与倒退的念想。

始皇帝明确表示支持，下诏要求各地烧毁《秦纪》以外的六国史书，以及《诗》《书》，百家诸子著作。所焚之书，限在30日内烧毁，谈论《诗》《书》者处死。

历史在这里拐了一个急弯，由秦朝初期试图以人文道德、经书文学融入法家的治国之道，迅速演变为禁忌诸子之学的文化专制。

那个曾经灿烂飞扬的百家争鸣的时代，在这一天被终结。对于天下读书人来说，这也许是有史以来最黑暗的一天。

一年后，始皇帝耗费巨万财富豢养的方士，不仅没有求得仙人不死之药，反而在背后对他大加愚弄嘲骂。震怒的始皇帝亲笔圈定460余人，下令活埋。

尽管事件的导火线并非真正的儒生，但"坑儒"还是被后人和"焚书"联系

在一起，成为始皇帝身上一个抹不去的标签。

始皇帝对权力的追求已经到达一个新的阶段。

自完成统一大业时起，始皇帝就着手制定开疆拓土的宏大战略。

秦帝国全线出击，南征南越，北击匈奴，持续开拓边远地区，奠定了中央集权主导下的中国疆域基本格局。

与戎马征战并肩而行的，是帝国一系列浩大工程。

不满足于咸阳宫的现有规模，始皇帝开始在渭水之南开辟土地，修建他心中的天下第一宫——阿房宫。

与此同时，公元前246年就开始修建的骊山陵墓工程，正在接近尾声。

为解决军队后勤供给问题，始皇帝下令在今天的广西兴安县境内，开凿沟通长江和珠江水系的灵渠。

北逐匈奴的同时，始皇帝征发徭役，修复并连接原秦、赵、燕御敌的长城。

西起临洮、东至辽东，修筑长城万余里，以防匈奴南进。

秦帝国北方边境多是高寒荒芜之地，防御工程又多在崇山峻岭之间，施工条件极其恶劣。尽管如此，由各地征召来的四十余万民工还是马不停蹄地开赴塞外。

后人享受到了那些公共工程的恩泽。但在当时，所有的这一切已经远远超出国力所能承受的极限。

江淮一带的住民会被派到北京以北的渔阳地区，两千多里的路途，百姓苦不堪言。

而这些大规模的工程耗资糜费。为了弥补财政亏空，原来征收十分之一的田租，很快增加到十分之五，甚至更多。

徭役赋税的负担几乎到了把民众压垮的地步。

在秦帝国爆发式的辉煌中，晚年的李斯，也抵达了人生的高点。

他被始皇帝拜为丞相。他用尽一生，位极人臣，成为帝国政府中仅次于皇帝的当权人物。

李斯隐隐担心，那些劳民伤财的举措会为这个国家埋下祸患。

但他更愿意相信帝国的强大。

对始皇帝来说，身后的庞大陵墓、生前的奢华宫殿，他想要的一切都触手可得。似乎只有死亡才能威胁到他了。

始皇帝日渐沉迷于求仙，希望能长生不老。他想和这个以他为独尊的帝国一起，长生不老。

他始终充满天地激荡的自信。

公元前210年，50岁的始皇帝意外死于出巡途中。

在皇位继承权的争夺战中，李斯做出妥协，违背始皇帝遗诏，另立胡亥为二世皇帝。

李斯感觉到自己老了，他会时不时想起反对他意见的老师荀况，想到死于他手中毒酒的同学韩非，年富力强时，他很少会想这些。

仅仅两年后，秦二世将李斯投入监狱。

公元前208年，李斯被腰斩处死，他的家人也被悉数诛灭。

李斯从荀况那里扬弃继承的思想，从韩非那里吸收的"法""术""势"，推动了秦朝统一，却也加速了秦朝灭亡，这和他个人的命运如出一辙。

而这命运，仿佛是韩非所言帝王之术的现实投射：终其一生以权术服务于帝王的人，只不过是帝王手中的一枚棋子。

一年后。

公元前207年，秦帝国无可挽回地崩溃了。那些曾经高张的，华彩的，铁血金戈的，气宇轩昂的，都瞬间陨灭。

尽管作为一个朝代，秦，仅仅存在了十四年，但它犹如一颗非凡的巨星，燃烧后留下难以磨灭的历史烙印。

自从秦始皇统一天下，中国就成为一个长期延续的政治体。此后虽有分合，中国的核心部分总是一个中央集权制的政体，而且文化与经济的共同体也依附于中国这一政体上。

有人说，评价秦帝国，只需要一张中国地图，或者一本汉字字典。

那时候的中国人，带着朝气，凛然站在了历史舞台的中央。他们展现出积蓄已久突然迸发的、浩大的精神力量，竭尽全力地，创造了一个从此生生不息的大国。

天下

伍

这是刘彻一生中最难堪的时刻。

在公元前140年那个寒冷的冬天里，刚刚继位不久的皇帝刘彻匆匆赶到长乐宫。

他一踏进戒备森严的宫殿大门，就遭到祖母窦太后的迎面痛斥。

尽管窦太后年事已高，但她的盛怒依旧威风凛凛、闻者胆寒。

刘彻一手提拔的两位朝廷高官赵绾、王臧的名字，在窦太后的怒斥中频频出现。

他也刚刚得知，就在昨天深夜，这两个大臣突然被捕入狱。

与此同时，身为皇亲国戚的当朝丞相和太尉也被罢免。

17岁的皇帝看上去还显得十分稚嫩，他的执政能力正在经受太皇太后的强烈质疑。

年轻的刘彻究竟能不能掌控天下？

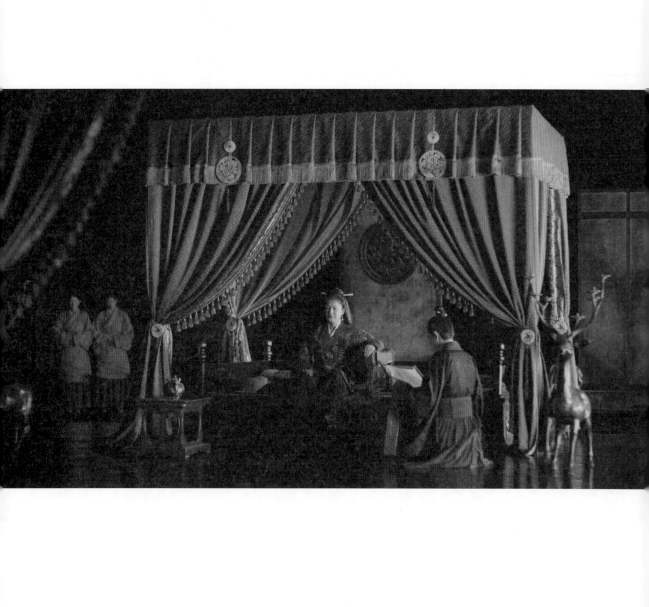

一年多以前，也就是公元前141年正月，汉景帝刘启给16岁的儿子刘彻举办了成年礼。

按当时的习惯，成年礼的举办要等到20岁。但是，刘启等不了那么久了。他身患重病，自知来日无多。为了把天下传给自己的儿子，他必须这么办。

在此之前，他曾就皇位继承人选究竟应该是被封为梁王的弟弟，还是年幼的儿子，与母亲窦太后有过分歧。

最后，他坚持了自己。

刘启的一生，无论家事国事，他都很尊重母亲的意见。唯独这一次例外。

很快，刘启驾崩。刘彻登基，成为汉帝国的第七个皇帝。

失明多年的窦太后，可能已经记不清孙儿的模样。

不过，在她记忆中，刘彻至少是听话的，他一定会像先帝刘启一样，遵守汉帝国历代传下来的祖制，无为而治地管理好这个国家，他一定会成为一个按部就班的好皇帝。

但刘彻并不是一个循规蹈矩的人。他开创性地使用了年号。之前的皇帝，哪怕秦始皇、汉高祖，也只是从即位起记年数，并没有年号一说。

刘彻使用的第一个年号叫"建元"。元，在汉语中的重要含义是——开端。

秦帝国灭亡以后，平民小吏刘邦开创了又一个大一统国家，立国号"汉"。

汉是中国历史上第一个由平民创立的帝国。为了感谢一起打天下的伙伴，刘邦在立国前后分封了七个异姓功臣为王。但登上帝位后，他就逐个清除异姓王，同时分封同姓王。

刘邦去世时，已建立九个同姓王国，异姓王国则只留有长沙一个。

汉朝版图的大部分都为十个分封国所有，皇帝直接管辖的郡只有15个。这些诸侯王国拥有相当大的权力，其百官设置如同中央朝廷。

汉朝初期的国家管理，本质上还是郡县制，但由于分封国的存在，郡县制与分封制两个系统实际并行。

之后，几经削、立变更，刘彻登基时，分封国的数量到了24个。

16岁的刘彻有着异于常人的成熟，他从不轻易表达态度。不表达并不代表没有态度。

刘彻清醒地知道，身在宫廷中的自己是孤独的。

他在三岁时就经历了七国之乱，父亲景帝即位之初，试图削弱诸侯王势力，下诏削夺吴、楚、赵等王国的封地。

结果，吴王联合六国，发起一场叛乱。景帝用三个月平定叛乱，加强了手中的权力。汉帝国还未走远的这段较量，时刻提醒着帝国的这位新任接班人。

帝国要在自己的治理下前进发展，那就要拥有真正意义上的权力，是真正的权力，而不仅仅是一个"皇帝"的称谓。

只是，可能到了那一天，他会更加孤独。

他只有一个人，永远就他自己一个人。

但那是他想要的。

长安郊外是少年刘彻常去的地方。

风和日丽，他可以自在感受天地的美好，也可以一探汉帝国所尊崇的黄老之学。

刘彻登基时的汉帝国，虽然内有诸侯之忧，外有匈奴之患，但确实算得上一个阳光灿烂的安稳之世。

经过汉初几代皇帝，特别是文帝、景帝轻徭薄赋的苦心经营，中国呈现出几个世纪未见的祥和富裕。

国家粮库中的粮食不断存入，新粮只能堆在旧粮上，越积越多，都溢出了粮仓。府库里的铜钱也越存越多，时间一长，连穿钱的绳子都烂了。

刘彻的祖母，太皇太后窦氏，亲眼目睹了丈夫和儿子两代帝王的成就，在她看来，能有这样的繁荣，不是因为文帝和景帝有多能干，只是因为他们遵循了汉朝立国之初所确定的国家管理的思想核心——黄老之学。

黄老之学，诞生于稷下学宫，以黄帝、老子为旗帜和依托，发扬刑名之学的思想，认为对于皇帝，最重要的就是无为而治。

从这个角度来看，刘彻接手的是一份丰厚的基业，只需沿着既定的轨道运行下去，应该就能做个太平天子。

但不知为何，初登大位的少年，却隐隐看到了并不遥远的危机。

在黑夜里辗转难眠的时候，他常常会打开一卷被翻烂的竹简。

那是他的祖父汉文帝在世时，一位名叫贾谊的政论家留下的遗卷——《治安策》。

贾谊身处盛世，但是却在开篇悲伤地写道：眼下时事，违背大道而令人痛惜叹惋的，依然难以遍数啊！

刘彻出生时，贾谊已经去世十二年。两个人的生命并没有交集，但刘彻却觉得，隔着漫漫时空，贾谊这些话就是写给他的。

贾谊："建立诸侯国过于强大，必然会造成天子与诸侯之间互相对立的形势。如今有的亲兄弟图谋在东方称帝，亲侄子也向西袭击朝廷，近来吴王的不法活动又被人告发。天子现在年富力强，品行道义上没有过错，对他们施加功德恩泽，他们尚且如此，何况最大的诸侯，权力比他们还要大十倍呢！"

分封国的权力问题，父亲已经采取了行动，但并没有彻底解决，自己又该怎么做呢？

贾谊："过去属于秦的东西，今日已转归汉朝。然而秦朝遗留的残余风俗并未加以改变。如今世人追求奢侈，竞相攀比，对此朝廷却没有制定法度，致使人们抛弃礼义，丢掉廉耻，一天比一天严重，可以说是每年每月都有不同。"

贾谊指出的乱象，一个指向国家治理结构，一个指向国家治理思想。
恐怕真的不能无为而治了，但又该怎么为呢？

刘彻登基后不久，就命令各级官员举荐贤良。诏书引发了广泛关注，很多在深山隐匿的儒士，纷纷走出山林。

应征而来的贤良中，一位九十多岁的长者显得异乎寻常。他叫辕固生，生于战国晚期，见证了秦朝的统一，躲过了秦末战乱，如今，他满鬓风霜站在刘彻面前。

刘彻身边很快聚集了大批儒家学者。他任命其中的学者赵绾为御史大夫，王臧为郎中令。加上亲近儒学的丞相窦婴、太尉田蚡，朝廷的重要职务，看起来都被儒家把控了。

当大儒申培公、辕固生到来后，刘彻几乎公开举起了儒学的大旗。

他们日夜讨论，推出了一系列改革政令。对功臣贵戚等加以约束，并将太皇太后窦氏家族中品行恶劣的子弟除籍，严禁进入皇宫。

这样做，一方面是想打击豪强，另一方面，是想割断他们与太皇太后的联系。

但这一切，并没有逃过窦太后早已看不见的双眼。

身居后宫的窦太后无时无刻不在关注着朝中的变化。

刘彻的举动让她震惊并且愤怒。但她还像往常一样，每天只是跟宦官和宫女们做做游戏。

窦太后痛恨儒家学说。在她的心中，黄老之学才是有价值的思想。

令她百思不解的是，这个一贯听话孝顺的孙儿，怎么会做出如此大逆不道的事情来，一定不是他，是他身边的那些人，那些儒生教坏了他。

她时常会想起多年前第一次见到辕固生的那一天。

那还是景帝当政的时候，一天，窦太后听说，有一个儒家学者在景帝面前和一位黄老学者辩论，语惊四座。

那位黄老学者说："商汤、周武王都是打败前面的君主，建立自己的王朝。这一行为并不是受天命，而是弑君。"

那位儒家学者却说："夏桀商纣暴虐乱治，属地的人民都跑去跟着商汤周武，二人自立为王是顺应人民的心愿。天命，在这里就是民意，要想长盛不衰，就要敬天爱民，否则就会有人推翻你。"

在黄老之学盛行的朝堂，说话敢于如此大胆直接的，就是辕固生。

窦太后很好奇，是什么人敢于质疑汉帝国的治国之本。她专门召来被景帝封为博士的辕固生，问他读《老子》的体会。

天下人都知道窦太后喜欢老子。辕固生却说："这不过是普通人的言论罢了。"

窦太后恼怒道："那跟犯人囚徒读的儒家诗书比呢？"

于是，她便让辕固生入兽圈与野猪搏斗。

景帝听到太后发怒了，而辕固生只是直言，并无罪过，便借给他锋利的兵器。辕固生杀掉野猪得以脱身。

此刻窦太后一定心生悔恨，当初就不应该放过这个狂妄的儒生。

这一次她不会再犹豫。正好，御史大夫赵绾奏请"无奏事东宫"。这是从窦太后那里夺回权力的试探。

窦太后即刻出手。

很快，刘彻亲自任命的两个高官赵绾、王臧被罢免入狱，二人在狱中自杀。同时，窦婴、田蚡的丞相和太尉职务也被下令免除。汇聚京师的大批儒士被遣返故乡。

离开长安时，九十多岁的辕固生知道，他再也不会回来了。

初出茅庐的刘彻就这样一败涂地。这是他第一次尝试使用权力，他还不熟悉权力。

但他明白了一点，自己还没有足够力量和祖母对抗。所以，即便再不满，再生气，也要放在心里。

韬光养晦的故事他听到过很多。而且，他还年轻，窦太后已经很老了。

轰轰烈烈的新政，迅疾而惨烈地落幕了。

虽然严厉地申斥了皇帝，但窦太后还是给了刘彻改过的机会。她希望，这些儒生被清除后，她的孙儿还是一个听话的好皇帝。毕竟，年轻人的冲动，不过像一个短暂的音符，响过一声就不会再有动静。

刘彻确实如她所愿。从此事事都向祖母禀报，甘愿做一个言听计从的执行者。

窦太后越来越满意了。

四年后，窦太后去世。据说那一年，天上划过一颗流星，这颗流星有很长的尾巴。于是有人对一位诸侯王说，天有异象，一定会有大事发生，您何不起兵夺天下呢？

这位诸侯王就是刘安。刘安是刘彻的堂叔，他继承了父亲的淮南王封号，是当时势力最大的诸侯王。

窦太后去世不久，刘安带着一套书进宫拜见刘彻。

这位淮南王不仅仅拥有军事力量，他还是黄老学派的领袖。在淮南国国都寿春，他广聚门客数千人，纵论天下。而在当时，拥有黄老学说的话语权，就相当于拥有了政治话语权。

刘安是有野心的。七国之乱时，他曾有计划发兵响应，因被人劝阻，没有行动。但景帝因此而对他不无警惕。于是刘安专心学术，和门客们一起编撰了一套

西汉时休假制度基本形成

《汉律》规定："吏员五日一休沐。"休沐即休息、沐浴，就是说每五天中可以有一天休息。此外，汉代还规定了节庆的假日。据《后汉书》记载，从冬至日起，百官都要放长假休息，假期休完另选吉日开衙办公。

黄老学说的著作——《淮南子》。

如今，景帝驾崩，窦太后也归天了，淮南王刘安觉得自己有责任教导侄儿，不要再听信儒生的谗言，重蹈建元二年的错误。

于是，他带着《淮南子》来了。

眼前这位大谈黄老之学的叔叔，俨然就是祖母窦太后的化身；同时，他还是一位实力和野心都很强大的诸侯王。

对于刚刚摆脱窦太后控制的刘彻来说，刘安的一切，都让他十分不快。

淮南王刘安的到来，再次激起了皇帝刘彻的斗志。他意识到：分封国的权力必须终结，国家的思想意志必须重构。

他绝不会是一个无为的天子。

刘彻再次想到贾谊的《治安策》，还有征召贤良时看到的一份策论。

策论中有一个观点，刘彻印象很深——"你的权力是上天赋予你的，因此，天会保佑和扶持你。作为皇帝，你应该发奋努力，强勉行道，什么是道呢？适合治理天下之道，就在仁、义、礼、乐之中。"

这份策论的作者，是一位名叫董仲舒的儒家学者。

董仲舒与贾谊生于同一时代。他涉猎百家，但最喜欢也最精通的，是孔子所编"六经"之一的《春秋》。

春秋，一个充满时间感的词语，孔子选择用它为鲁国的国史命名，并不动声色地在对历史的评判中，注入自己对春秋以来数百年大乱的反思。这些隐晦未发的治国之道，经文中蕴含的微言大义，引来了后世学者的反复研读。

汉景帝时期，董仲舒就因对《春秋》的研究而远近知名，与辕固生等人一同被拜为博士。然而春秋几度，他的才学依然无处施展。

刘彻登基后，董仲舒也给朝廷上了一份策对，但他并没有抱什么希望。黄老当道，谁会在意一个儒生的意见呢？

悲观的董仲舒选择在家教书。五年里，朝廷的变化他都听说了，知道得越多，心里越悲凉。无论乱世还是盛世，始终不为庙堂所用，这仿佛成了儒家的宿命。

希望之光日渐黯淡。

正在这时，董仲舒听到了新的召唤。

公元前134年，窦太后去世的第二年，刘彻重新改元，完全属于他的时间开始了。

他亲自起草"贤良文学"诏，描述了治国的理想蓝图。刘彻的思考穿过历史的隧道，远眺三皇五帝的光辉功业。

但同样也是历史，带给他最深的疑惑——

自夏商周以来，历代王朝的治乱兴衰，究竟是被什么所决定的？

看似偶然的历史事件背后，有没有一种必然性的支配力量？

决定个人荣辱和国家兴衰的，究竟是天命还是当政者个人的努力？

百余字的诏书，董仲舒读了很多遍。

没有对国家的使命感和对历史的敬畏感，是提不出这样的问题的。

董仲舒再次想到了孔子。

三百多年前，七十多岁的孔子在春秋乱局中编著《春秋》时，已知自己有生之年无法看到盛世的来临。但他依然将探寻天道、明辨人间得失的为政之法，寄

寓在这部《春秋》中。他确信，乱世不会永远持续，总会有后来者将世人带入大同世界。

他所期待的后来者，会是当朝的刘彻吗？

董仲舒不再犹豫。历史给了他改变历史的可能。他奋笔疾书，将心中积郁已久的政治心声全盘托出。

董仲舒回应皇帝的策论中，最先打动刘彻的，是"更化"一词。更化的意思，就是改制。

董仲舒直言，秦朝遗留的毒素像残余的火焰，一直都没有熄灭。汉朝得天下以来，常想好好治理，可是到现在还没有治理好，问题就在于应当改革而没有改革。

第二个击中刘彻的词语，便是"大一统"。

继续推行"强干弱枝，消除诸侯"的政策，实现国家领土和权力的完整统一，这是秦汉以来的大趋势。《春秋》中隐寓的"大一统"三字，更被董仲舒提炼为天地永恒的原则，古今共通的道理。

经历了秦的覆灭，汉朝人开始懂得，统一并不单纯是政治上的统一，更重要的是观念上的认同。

但统一社会思想，比其他都来得更为困难。

就这样，刘彻求解，董仲舒作答。后世将君臣二人的前后数次问答，统称为"天人三策"。

刘彻说：我要的不是一时的权变之策，而是长治久安的大道至理。

董仲舒回应：汉帝国已经具备从"升平"向"太平"过渡的条件。

为太平盛世的到来，董仲舒提出了一个对中国此后历朝历代意义深远的建

议——"推明孔氏，抑黜百家"。

刘彻接纳了这个建议，"罢黜百家，表章六经"。

六经就是孔子编撰修订的《诗》《书》《礼》《乐》《易》《春秋》。

刘彻随即以六经作为人才遴选标准，设立了察举制度，同时兴建太学、郡国学等官办学校，以儒家经典教授学生，选拔官员，建立了中国历史上第一个士人文治政府。

后世沿用了两千多年的文官体制由此肇始。读书人找到了实现自我价值的路径。

尽管刘彻并没有让董仲舒入朝为官，而是派他去江都国担任国相，但看到自己的建议被采纳，董仲舒在一瞬间感到大梦初醒般的恍惚。

理想就这样突然照进现实。

这应该是儒家自诞生以来最飞扬的

时刻。一切自此开始，变得不一样了。好像所有的河流都找到了归属的方向。

　　在推尊儒术的决策后，公元前133年，刘彻再次做出一个惊人的举动。

　　他决定征伐匈奴，解决边患。经过一系列轰轰烈烈的远征和会战，最终匈奴远遁漠北，河西走廊及河套平原从此纳入汉帝国的版图。

　　刘彻看到了更多的可能性。

　　公元前111年，刘彻灭南越国，在其境内设置九郡。

　　不久，刘彻又将闽越纳入统治体系。

　　公元前109年，随着滇国降汉，聚集了一百多个部落势力的西南夷，全部归入汉朝。

　　经过数十年开拓，汉朝的疆域几乎增加了一倍。

　　分封国的命运也终于尘埃落定。

　　公元前127年，汉武帝颁布推恩令，封地大的王国被进一步分化。五年后，淮南王刘安因谋反之罪被清除，淮南国被废，改为九江郡。

　　这意味着自汉建立以来一直存在的分封国，作为一种独立的力量不复存在。

　　那些托庇于刘安门下的黄老学者也被牵连进去，黄老之学从此走向边缘。

　　公元前110年四月，又一个春和景明、万木生长的季节，刘彻在泰山完成了儒家理想的旷世之典——封禅。

　　此时，距离他的老师王臧最初为他筹划封禅，已经过去了整整三十年。

　　那个澎湃昂扬的少年，用三十年的时间，成就了登峰造极的伟业。

　　春秋战国以来，历代学者与政治家一直在探索治国的思想和方法。从分封制到郡县制，从法家、道家，到儒家。

　　历经秦汉两朝的实践，大一统的政治制度和以儒家为核心的意识形态，在刘彻一代确立。

这如同两根坚实的支柱，从汉帝国传递至今，令中国在世界东方两千年屹立不倒。

而刘彻另一项前无古人的开拓，是打开了中国人胸怀天下的视野。

在他的时代，一条空前绝后的商道逐渐成型。

为了安定边境，刘彻派遣张骞两次出使西域，最终开启了连通中西方商贸和文化往来的丝绸之路。

络绎不绝的驼队从此在这条长达数千里的通道上不断往返，绵亘千年，留下了汉帝国开放、包容的气度，以及与世界交流的长久热望。

回想起那些激荡着雄心壮志的日夜，刘彻知道，自己没有辜负天赋使命和曾经的少年意气。

他治下的汉帝国，带着青春的朝气，奏响了千古不绝的强音。

刘彻没有忘记那些助他开创鼎盛之世的思想者。

他为素未谋面的贾谊重修了故居，把贾谊曾经的职务——太中大夫授予了董仲舒。虽然没有进入未央宫，但每逢朝廷有重大决议时，刘彻都要派廷尉张汤快马去董仲舒家，听取他的意见。

亲眼见证了汉帝国之强盛的董仲舒，以教学著述终老。

【公元前104年，董仲舒去世。】

董仲舒去世那一年，刘彻正式废除了沿用自秦朝的历法，不再以十月作为一年的开端，而是将正月确立为岁首。

从此，粟和稻的播种，与新的一年一起来临。

建议更改历法的士人之中，就有董仲舒的学生司马迁。

司马迁在正月的爆竹声中走回了书斋。他要继承父亲的遗愿，撰写一部有价值的史书，如同他心目中高山仰止的孔子编写的那部伟大的著作《春秋》。

他打算从远古的黄帝写起，一直写到汉帝国改历这一年。

司马迁的职务是太史令，虽然官阶低微，但他负责管理国家图书和档案，有机会看到大量前人的遗著。他也喜欢亲自去各处考察求证，收集散落在民间的历史残片。

就这样，他把自己置身在几千年的时间长河中，充满情感、绘声绘色地记录下了他所了解和认知的历史，以及历史中的那些人。

他要书写一部严肃的史书，但也要像散文一样优美，像讲故事一样引人入胜。

岁月悠悠，十多年转瞬即逝。

约公元前91年，这部当时名为《太史公记》的著作，终于完成了。

后人从司马迁的笔下，了解中国远古历史的细节和国家形成的过程，并把《太史公记》改名为《史记》。

公元前87年，刘彻驾崩。

时人看重他开疆拓土的功业，把"孝武"作为他的谥号。而他真正的功绩，或许是那些鲜为人知的深谋远虑和苦心积虑，那些他与历史和现实碰撞后，为国家留下的精神遗产。

一切将留给山河岁月去证明与评说。

刘彻的时代结束了。它留在了司马迁的史书里。

在这部五十多万字的巨著中，"中国"一词共出现了131次，其中72次是代指自夏、商、周以来，直至秦、汉的国家政权。

到司马迁所身处的汉帝国，《史记》所言"中国"的概念，更是涵盖了汉帝国所管理的各个民族地区。

此后，中国，就是一个大一统、多民族的政权概念，更是一个文化概念，直至今天。

陆

视野

公元 73 年的这个下午，当意识到宿敌匈奴人有可能已经来到鄯善国时，这个37 人组成的汉帝国使团出现了一阵慌乱。

他们没有任何作战的思想准备，甚至，他们中绝大多数人都没有打过仗。他们是文人，这次的任务只是代表汉朝政府来安抚一下内心摇摆的鄯善国国王。过去几天，国王表现出的恭敬有礼，让他们觉得即将大功告成，不日就可回朝复命。

但意外永远都不会缺席任何一次伟大的成功。

文人特有的细致，让他们清晰辨识出鄯善国人的态度变化，虽然只是微小的变化。

人们一旦从真诚的欢欣鼓舞中清醒过来，看到他们寄予的莫大希望变成失望，是会出离愤怒的。

这个文人使团手忙脚乱地绑架了一个鄯善国的接待人员，试图了解真相。

坏消息被确认，匈奴人已经到了。

那是一百多名久经沙场的军人，鄯善国国王在威逼下产生很大的动摇。不排除会将这 37 个汉朝人作为礼物，交给匈奴。

自己的性命尚在其次，但如果西域大国鄯善国背弃汉朝而与匈奴结盟，那可能是几十年的战争都无法挽回的后果。

怎么办？

班超淡淡地说了一句："不入虎穴，不得虎子。"

班超出生的家庭，在后世看来，堪称传奇。

父亲班彪，东汉著名的史学家和文学家。

哥哥班固，完美继承了父亲的史学造诣，倾注一生心血编撰了可以和《史记》比肩的巨著——《汉书》，开了断代史著述的先河。

妹妹班昭，被誉为当世第一才女，她擅长作赋，在大哥身后整理完成了《汉书》的遗留部分，其中她独立完成的《天文志》一篇，更是中国早期天文学的重要著作。

在这样一个家庭里，班超更像是一个异类。虽然也同样饱读诗书，纵览古今，但他总显得心不在焉。记录前人的事迹不是他此生的使命，他要书写自己的历史。

看着手中这支笔，班超时常想：大丈夫，怎么能一辈子只和笔砚打交道呢？

他自己的历史，应该不是用手中之笔来书写的。

公元62年，一个意外打破了班家的平静生活。

班固被人诬陷私修国史讥讽时政，含冤入狱。班超立即打点行囊，前往洛阳，上奏为兄长伸冤。经过多方奔走，终于引起重视，汉明帝下旨召见了班超。

班超说，自己父兄两代人几十年的努力，都是出自对汉朝的崇敬与感激，他们绝对没有假借修史讽刺朝廷之意。

这是班超第一次见到明帝，一位尊重和喜好文化的皇帝。

明帝认真查阅了班固所写的书稿，被班固的文才打动，不仅还了他清白，还将他升为校书郎。

班超和母亲也跟随赴任的哥哥来到洛阳。

有一天，汉明帝想起那个说话耿直的班家青年，得知班超在为官府抄书，挣钱供养母亲，便任命他为兰台令史，管理皇家图书。

　　和哥哥一样，班超进入了政府最高级别的典籍档案部门。看起来，这的确是他身为班家一分子，最适合从事的职业。

　　实际上，平淡的案牍生活对班超毫无吸引力，他身上流淌着不安的血液。

　　但他只能接受这个安排。

　　就这样，班超整整做了十年抄抄写写的工作。

　　有一次，班超难掩内心苦闷，他丢掉了天天握在手中的毛笔，感叹道："大丈夫没有别的志向谋略，总应该效法傅介子、张骞，到异域立功，以取得封侯吧！"

　　投笔从戎的一天终于来了。

公元73年，班超得到机会，跟随奉车都尉窦固出征，抵御不断袭扰西部边境的宿敌匈奴。

他们的战场在西域。

班超对西域并不陌生，小时候，他曾在河西生活过。在那里，他无数次向西远眺，西域的神秘、开阔和明亮，令他神往。

天下很大，远方很远。未知的世界总是让班超充满好奇和探索的冲动。

汉帝国时代，人们通常把河西走廊以西，帕米尔高原以东，昆仑山以北，天山南北的区域，称为"西域"。

世界第二大沙漠塔克拉玛干沙漠占据了西域的巨大空间，有大大小小数十国生活在这片气候干燥的土地上。

塔克拉玛干沙漠以北、天山山脉南麓的西域北道，分布着危须、焉耆、龟兹、姑墨、疏勒等国。

塔克拉玛干沙漠以南、昆仑山脉以北的西域南道，分布着鄯善、于阗、莎车等国。

公元前139年，因为匈奴的威胁，汉武帝派张骞率团出使，西域进入汉帝国视野。

此后几十年间，在西域的宽阔舞台上，汉帝国与匈奴反复较量。战与和，结盟与反目，商贸与劫掠，轮番上演。

最终，汉帝国将匈奴势力驱逐出了西域。

公元前60年，汉帝国设立"西域都护府"，管理西域地方事务，次年正式开府施政，其最高长官"都护"，级别相当于中原的最高地方长官"郡太守"，职责是镇抚西域诸国，并督察乌孙、康居等国。

同时，汉帝国册封各部族首领。西域都护府对藩属国的有效管理，使这一地区的政治经济日趋稳定。

一条被后世称为"丝绸之路"的贸易通道也由此被打开。

但王莽当政时期，将西域诸国王一律降格对待，引起各国强烈不满，匈奴趁机再次侵入西域。

王莽政权被推翻后，刚刚立国的东汉忙于收拾江山，一时顾不得西域事务。此间，匈奴陆续控制了西域多国，收取严苛的赋税，各国子民苦不堪言。它还借机大肆扩张。

西北局势混乱，迫使东汉帝国开始反击匈奴。

公元73年的这场战争打得很顺利。

班超率领的小分队闪电般击败伊吾城的匈奴势力，那里是汉帝国屯田戍边的要地。

梦想中的戎马生涯旗开得胜，班超觉得，人生仿佛这时才真正开始。

窦固非常赏识班超的表现。为了更进一步稳定西域诸国，窦固决定派出一个由班超带队的使团，出使西域传统大国——鄯善国。

这一年，班超42岁了。在已过不惑并依然富有战斗力的中年，发现自己此生的使命，是幸运的，甚至是幸福的。

就这样，班超一行37人，来到了鄯善国。

鄯善，曾经叫过楼兰，地处塔里木盆地与罗布泊之间，东向敦煌，北望天山，是中原前往西域的必经之地，也是西域南北交通干道的分岔点。

汉帝国与匈奴都很清楚此处的战略地位，多年争夺激烈。鄯善国在汉匈之间不断摇摆，谁的实力更强，就依附谁。

所以，刚打了胜仗的班超到达鄯善国时，国王热情备至，礼数周全。

但没想到，匈奴使团这么快也到了。

真正关乎生死的时刻，永远只留给人最短的时间抉择。

虽然这时的班超只是一名普通使者，但他承担的是国家使命。他血脉中传承的尊严和教养，要求他不辱使命。

他四十二年生命里孕育的勇气和魄力，让他做出了果断的决定——不入虎穴，不得虎子！

命运之神向强者迎面而来。绝境，往往是勇敢者的机会。

当天晚上，班超带着36人突袭匈奴使团驻地。

无论人数还是战斗力，匈奴人都占据上风。但他们万万想不到，这群看起来由书生组成的使团竟然敢偷袭。

当匈奴人被营帐的大火惊醒时，一切已是定局。一百多人的匈奴使团全军覆

没，鄯善国国王也被这场大火重新点燃了跟随东汉帝国的信心。

一场百余人的小型战斗，在数千年历史中原本不足为道，但它却被后人不断提及。

在西域诸国瞻前顾后之际，班超这次以少胜多的突袭，打击了匈奴气焰，树立了汉帝国国威，更自此拉开了他在西域三十年传奇岁月的序幕。

班超使团大获全胜的消息让窦固欣喜若狂，他如获至宝一般将全情上奏朝廷，并请汉明帝再选派使者出使西域。

汉明帝说：“像班超这样的使臣，为什么不派遣他，而要另选别人呢？”

窦固向班超转达了皇帝的嘉奖，同时提议，要加派人马辅助他的下一次行动。

班超却回答道：“三十余人足矣，如有不测，人多反而累赘。”

他懂得西部的土地和西部的人。

接下来，他的目标是于阗国。

公元73年深秋，班超再次率队出发。

他们制定的战略是：沿塔克拉玛干沙漠向西挺进，顺着西域南道收复各国。

因为西域南道被匈奴及其附庸国龟兹控制的国家，要少于西域北道，在南道获得有利资源后，可再向北道进发。

而于阗国，正是西域南道除鄯善国外的另一个大国，重要的是，于阗还没有被匈奴完全控制。

这一次，匈奴人比班超来得要早。

在班超使团到达时，匈奴人请一位巫师对于阗国王说，你若归汉，天怒神怨，汉使有一匹黄马，你把它抓来祭天。

班超回复说，好啊，你让巫师亲自来取马。

等到巫师真的来了，班超毫不犹豫地杀了他。

于阗国王早就听说了班超一行在鄯善国诛杀匈奴人的事，现在巫师又被杀，他内心惶恐至极，很快做出选择：归降东汉帝国。

就这样，班超以他的谋略和果决拿下了西域南道。

他继续向西。此刻他还不知道，即将要去的下一国，将在他的人生中，留下浓墨重彩的章节。

疏勒国，临近西域南北两道的交会点，地理位置至关重要，但国力小于鄯善、于阗。

疏勒国处在匈奴盟友龟兹国的统治下，此时正面临着一件大事：王位易主。龟兹国倚仗匈奴势力，杀害疏勒国王，并做主立了一位新王。

根据这一情报，班超采取了一个举重若轻的处理方式。他派出手下一个名叫田虑的小吏，设计擒拿这位新国王。

班超如此大胆，是基于他对形势的精准判断。这个疏勒王是龟兹人，是傀儡，伏击他，疏勒国民是不会为他尽忠效命的。

结果如他所料。田虑不负众望，再次突袭，轻而易举地擒获了傀儡疏勒王。

收到消息后，班超带领使团进入疏勒国。他召集疏勒国原有的官员将士，痛说龟兹和匈奴在疏勒国的种种无道之举，并将被害老国王的侄儿，立为疏勒王。

民众无不拥戴，疏勒国自此归汉。

班超在南道推进之际，窦固率军攻破北道强国车师国，切断了匈奴和它两个重要盟友焉耆国、龟兹国之间的联系。

这与仅带着36人开疆拓土的班超形成呼应，西域再度实现稳定。

随即，汉明帝下诏，恢复西域都护府。

公元74年十一月，东汉新派遣的西域都护开始行使职责，中断了半个世纪的汉朝对西域的管辖得以重建。

窦固因为功勋卓著，被汉明帝征召回朝。

班超和他的36个弟兄就在疏勒国驻扎下来，休养、练兵，像一家人一样生活着。

疏勒国距离东汉都城洛阳有数千公里之遥，他们离自己的故乡和亲人已经十分遥远，与脚下的这片土地则越来越亲近。

他们已经渐渐习惯西部的空气，习惯这里格外耀眼的阳光，还有别样温暖的人情。

一个情感故事也悄悄上演。

　　在疏勒国停留的日子里，班超邂逅了一位美丽的姑娘。爱情的火花瞬间照亮了西北的天空。

　　史书中没有记载这位姑娘的名字，传说她是疏勒王室的公主，聪颖贤淑，在之后的几十年里，她一直陪伴班超左右。

　　班超在西域有了家室。于他而言，这远离中原的他乡，从此有了故乡般难舍的牵连。

　　公元75年，中原传来噩耗，那个带给东汉帝国兴盛气象的汉明帝去世了。

　　在匈奴支持下，焉耆国、龟兹国趁东汉改换新帝之际，攻陷西域都护府。

　　只有36个部下的班超，成为在西域仅存的中原力量，但他们被焉耆、龟兹联军围困在疏勒国中。

　　危急时刻，疏勒王和疏勒国的人民站在了汉帝国使者一边。这是班超出使以来，第一次得到西域当地力量相助，共同御敌。

　　他们同仇敌忾，顽强固守了长达一年之久。

随后，汉章帝刘炟即位。东汉朝廷担心班超独处边陲，难以支持，下诏命令班超回朝。

奉诏意味着将西域拱手相让。但拒绝则意味着违抗君命，要承担家族不测的风险。

班超只能领命。

疏勒举国忧恐。

都尉黎弇说："汉使如果离开，我们必定会再次被龟兹所灭，我实在不忍心看到汉使离去。"

说罢，拔刀自刎而死。

班超强忍悲痛，率部行至于阗。

国王和百姓放声大哭，他们说："我们依靠汉使，就好比孩子依靠父母一样，你们千万不能回去。"

东行之路，班超倍感煎熬。

他知道，一旦撤回，汉帝国多年来经营西域的努力将付诸东流，西域各国也将重新回到被匈奴统治掠夺的动荡不安中。

终于，班超调转马头，重返疏勒。

他曾经在没有皇命的情况下，主动承担起责任。这一次，他宁可违背皇命，也要再度承担起责任。

班超坚信，他做的是一件正确的事。

回到疏勒时，已有两座城池归降龟兹。班超果断出手，逮捕反叛首领，收复失城。

公元78年，班超率领疏勒等国的士兵一万多人，攻破姑墨国，将龟兹孤立。

疏勒国成为班超的大本营，他在此立稳脚跟。

但西域的形势比起三年前已是大不如。

虽然班超平定了叛乱，但北道诸国仍为匈奴控制。汉帝国与西域的往来交通，实际被再次隔断。

这一状况让班超内心无比沉重。

多年的西域生活，已经让他跟这片土地融为一体，更何况，这里还有他的妻儿。

如果汉帝国采取放任的态度，匈奴一定会卷土重来。

真到了那一天，要如何面对凿空西域、开通交流之路的先辈，又如何面对身边信任和仰赖自己的亲人？

虽然困难大到无法想象，但班超从来都是一个无畏的探险者。他不仅要守住南道，更要拿下北道，他要把匈奴赶出西域。

他决定给新登基的皇帝上一封奏折，不需要朝廷出兵，也不需要朝廷出钱，只要允许自己带着36人继续留在西域。

"今西域诸国，自日之所入，莫不向化……臣前与官属三十六人奉使绝域，备遭艰厄。自孤守疏勒，于今五载，胡夷情数，臣颇识之。"

班超当然不是莽夫，他在奏折中详细汇报了自己的计划。

他告诉皇帝，这些年使团在西域南路诸国建立了很好的威信，也结下了深厚的友谊。假以时日，西域必将再次归顺，西域都护府的旗帜可以永远飘扬。

汉章帝看到奏折后很振奋。

虽然班超说不要一兵一卒，他还是象征性地派了一千人给班超。

一千人确实少了点，但班超并不在意。

他手下的36个书生，如今都已成长为铁血战士，一人可顶千军。

新的征战开始了。

公元84年，兵击莎车，莎车利诱疏勒王反叛。

公元86年，降伏疏勒叛乱，西域南道畅通。

公元87年，率于阗等诸国兵力二万五千人，再次进击莎车。龟兹王率部五万抵御。班超在对方措手不及之时发动奇袭。莎车降汉，班超威震西域。

公元90年，月氏王派兵七万来攻，班超施计破敌，月氏国请罪乞降，与东汉帝国重新修好。

公元91年，龟兹、姑墨、温宿等国主动遣使称臣。同年，东汉帝国再设西域都护府，班超任西域都护。

公元94年，班超讨伐焉耆等三国，大胜。

自此，东汉帝国再次统一西域全境。

一年后，班超被封为"定远侯"。

比起两百年多前的"博望侯"张骞，"定远"二字，显得更加意味深长。

两百多年前，因为打通了连接西域和中原的通道，汉帝国的胸怀更加高远宏阔。

无数使团、商队，从这条通道上走过；不同的商品、不同的文化、不同的梦想，在这条通道上交汇。

但过去的几十年里，它中断了。

班超书写了新的历史。用他执着的、孤勇的血性和非凡的政治军事才能，让驼铃声在丝绸之路上再度响起。

这一年，班超64岁，他来到西域已经二十二年。

征战告一段落，但这并不是视野的尽头。班超的目光和思绪在更远的远方。

公元97年的一个下午，班超叫来了跟随他多年的下属甘英，提出一个构想已久的疯狂计划。

他决定由甘英带队，出使大秦。大秦，就是罗马帝国。

对东汉帝国而言，大秦是一个传

说，只是听来往的安息国商队说起过，在世界的最西边，有一个很大的帝国。

如果甘英能够到达大秦，那么意义将如同当年张骞到达西域。汉帝国的丝绸和大秦的珠宝就可以直接交换，而不用再通过中间商安息人。

甘英领命出发。

甘英出使大秦的路线，后世有很多争议。

比较大的可能是，甘英从龟兹它乾城出发，沿西域北道，经疏勒、莎车，入葱岭，过蒲犁、无雷，到达大月氏；然后继续西行，经木鹿、和椟、阿蛮国、斯宾国，历时一年，抵达波斯湾。

甘英应该从未见过如此浩瀚的海洋。

但他在波斯湾停下了脚步。或许是安息人的有意阻挠，或许是大海的凶险令人畏惧。总之，甘英没有再继续前行。

他默默转身，踏上了归程。

东西方世界最早的一次直接交流，就此遗憾地错过。下一次，还要等待很久。

即便如此，甘英也足以感到骄傲。他可能是第一个抵达波斯湾、看到西方海船的中国人。

他沿途的所见所闻，让中国再次打开视野，看到另一个新鲜的世界。

公元100年，深秋时节，林木萧索。

班超心中蓦然涌起一股难以抑制的思乡之情，二十八年的西域岁月倏忽而逝。

班超忽然觉得自己老了。

他想起，小时候，一家人在老宅里，父亲教他们读书，母亲抱着还年幼的妹妹。

他想起，温文尔雅的哥哥被诬告，经历牢狱之灾，自己只身面见汉明帝申诉求情。

他想起，那个虽然只有一面之缘，却给了自己机会去承担国家使命的汉明帝。

他还想，尽早见到此时已经名满天下的妹妹，给她讲述自己在西域的见闻和心得。

班超决定给皇帝上书，请求还乡。

当他写下"臣不敢望到酒泉郡，但愿生入玉门关"，已是泪流满面。

远行的时间实在太久，他真的想回去了。

回到家乡。

回到中原。

接到上书的皇帝很犹豫，班超的能力和在西域的功绩之大，无可替代。他回来了，又能让谁去呢？

为了让年迈的哥哥早日归来，妹妹班昭向皇帝呈上了一封情真意切的恳求书——

"赖蒙陛下神灵，且得延命沙漠，至今积三十年。骨肉生离，不复相识。超有书与妾生决，恐不复相见。妾诚伤超以壮年竭忠孝于沙漠，疲老则便捐死于旷远，诚可哀怜。"

公元102年，皇帝最终同意了班超回乡的请求。

在西域生活三十年后，71岁的班超即将踏上通往中原的归途。

离开中原的时候，他应该没有想到，一走，就是一辈子。

当年跟随他出使的36个兄弟都已不在人世。

他们曾经心怀大梦向西行，性命相依，肝胆相照，结下了患难与共的生死之情。他们纵横疆场，以九死一生的忠勇，在辽阔的西部大地上建功立业，争得汉家天下。

他们无愧于汉家王朝，也无愧于自己的一生。他们的面容永远朝气勃发，无所畏惧。

班超来向兄弟们告别，他知道，他们也都盼望着回家的那一天。

再见了，弟兄们。

再见了，西域。

【返回洛阳一个月后，班超去世。】

班超离开后，西域并不平静。继任者不熟悉当地情况，几年后遭遇叛军围攻，朝廷的主降派借此上书，建议撤销西域都护府。

公元107年，班超和西域夫人所生之子班勇，奉令出兵，前去接回撤离回朝的众将士。

如此大好河山，就再一次拱手相让于匈奴吗？

班勇不愿意放弃。

此后数年，班勇频频上书，希望能重回西域。和父亲一样，西北那片土地，已和他的生命紧紧连在一起。

在匈奴再次大举来犯之后，班勇终于得到正式任命，负责西域事务。但朝廷只给他派了五百兵。

虎父无犬子！五百人，够了。

从公元123年开始，班勇用五年时间，收复车师，纳降鄯善，击退匈奴，平定焉耆，第三次打通西域。

班超把一半的人生和全部的热爱，给了西域。

身为史学世家的一员，他放弃了手中的笔，选择用脚下的路，为自己的国家谱写新的历史。

他看过无数次长河落日，大漠孤烟，完成了大丈夫的应有担当。

关于这片神奇而丰富的土地，班超的儿子班勇撰写了一部《西域风土记》，他继承祖父留下的史家风范，详尽记录了各国的历史变迁、地理风貌、物产风俗、人文故事。那是他出生和成长的地方，是他们父子两代人魂梦所归之处。

而西域两个字，始终贯穿在汉帝国最重要的历史年表中。

汉帝国用几百年时间走进西域，那是一段无比曲折也无比值得的历程。当班超再次扭转西域的历史走向，它已成为汉帝国血脉相连的一部分。

它的安宁，意味着中国的安宁。它的繁荣，将带来中原的繁荣。

它连接着更广袤的世界。一旦打开视野，就会懂得天下之大。

南渡

柒

王导感受到了一种彻骨的寒意。

这寒意无关天气，而是来自中国北方旷日持久的纷乱。

已经十多年过去了，王导仍然看不到乱世的尽头。

他的好友比他更加忧心忡忡。

这个人叫司马睿，晋朝皇室后裔，15 岁世袭琅琊王。

他在持续不断的皇族内战中险遭不测，刚刚侥幸脱身。

司马睿和王导相交多年，一起经历了家国命运的巨大颠簸。此刻，这两个 32 岁的同龄人心照不宣。

未来何去何从？到了必须做决定的时候了。

王导已思虑良久。也许是时候把视线投向广阔的南方了，那里有富庶的良田、活跃的经济和根基深厚的世家大族。

于是，他向司马睿建议：大王，我们南下吧！

这是公元 307 年，西晋末年。

司马睿和王导风尘仆仆，一路向南。

在他们逐渐远离的北方大地上，八个诸侯王争夺王朝控制权的内乱正在进入尾声，这场"八王之乱"历时十六年，盘踞北境的匈奴、鲜卑等部族，也借机不断侵入，晋朝一直在风雨中飘摇。

前面就是那条波涛汹涌的大江了。

回望远去的故土，他们心中都明白：过了长江，再想回来就不容易了。

但他们决意不再回头。

王导对晋王朝早已失去信心。他把希望寄托在司马睿身上，他有皇室成员难得的谦逊、仁慈，文质彬彬。

司马睿对王导深信不疑。这是他年少时的伙伴，是在军中救他于危难的朋友，是琅琊王氏的杰出子弟。

北方渐渐远去。但南方的岸线也还看不到踪影。

现在，他们在一条船上了。

此番南下，司马睿身负朝廷授予的安东将军一职，统领扬州所辖的江南的诸多军事。王导被聘为安东司马，司马，相当于现在的参谋长。

当时的扬州是晋朝下设的21州之一，范围涵盖今天长江以南的大部分地区。

这是王导为司马睿精心谋划的位置。

汉帝国崩溃后，曾出现三国鼎立之势。曹魏政权统一了北方，之后又被司马氏建立的晋朝取代。

在灭掉东吴结束分裂后，晋朝分封了司马氏的27人为王，结果很快引发"八王之乱"。

长期混战带给晋朝无可挽回的重创，而北方各部族还在持续酝酿新的乱局。

王导审时度势，劝说司马睿前往江南。

在时人的观念中，黄河流域所在的中原，代表着中国的正统和中心。却也因为如此，当北方兵连祸结时，南方获得了相对的静好。

那里远离政治核心，不受权力关注，没有太多战事，人们把主要精力都用在农耕桑织上，沃野千里，经济富庶。

和中原一样，那里不乏世家大族，根深蒂固，称誉一方。

对王导和司马睿来说，南方，有无尽的可能性。

这确实是充满政治智慧的想象。为了这个前无古人的大胆谋划，他们必须同舟共济。

黄昏时分，司马睿和王导在长江南岸的幕府山码头上岸。两个久居中原的人就这么来了。

江南是陌生的，也是新鲜的。

前方就是他们此行的终点——建邺，也就是今天的南京。这里曾是三国时期吴国的都城，中国南方的政治、经济和文化中心。

中原王朝此前从未将长江以南视为战略重点，但世事难料，公元307年的这次南渡，让之后的中国历史调整了书写的重心。

第一次踏上这片土地，真实感扑面而来。等待他们的会是什么呢？

半年多过去，事情似乎和王导想象的有些不太一样。

没有人欢迎他们。

当地的世家大族对他们几乎视而不见，不仅无人登门拜访，连礼节性的接风洗尘都没有。

作为司马睿南下的策划者和坚定同盟，王导感到压力重重。他不能辜负司马睿以身家性命相托的信任。

而且，琅琊王氏是中原颇有影响力的名门望族，作为享誉百年的王氏后人，这关乎王导的脸面，也关乎家族在江南的前程。

司马睿的府邸，门庭冷落。

王导急于改变这个尴尬局面。

贵为当地的最高军事长官，司马睿丝毫没有感受到权力带给他的尊贵与荣耀。

南方的态度，完全不像这里的天气那么温暖宜人。

王导告诉司马睿：他主动找到江南大族陆氏，想和陆玩结为亲家，却被断然拒绝。陆玩毫不客气地说："小土丘长不出松柏，香草和臭草不能放在一个器皿里。"

司马睿也告诉王导：有一天，他在街市上与当地士族领袖顾荣相遇，顾荣不仅没有执礼参拜，还佯装没有看见他，坐着轿子大摇大摆地走掉了。

气愤之余他意识到，没有这些力量的支持，恐怕他将无法在建邺立足。

急躁不能解决问题。平心静气下来思考，南方的冷漠甚至敌意，是有原因的。

此时距离晋灭东吴还不到三十年，南方对中原王朝的隔阂尚未消除，他们被

北方势力视作"亡国之余"，仕途上备受歧视，这导致双方对立进一步加剧。

南方士族并非不需要依靠，但司马睿只是皇室远亲，还未显示出他们期待的领导力和号召力。

所以，建立和江南的关系，需要慢慢来，就像江南人吃蟹那样，一点一点耐心拆解。

为了让江南大族感受到司马睿是个非同凡响的大人物，王导想了一个策略：在司马睿出行时，他特意拉上身居要职的堂兄王敦等人，恭恭敬敬地跟在后面，为司马睿造势立威。

魏晋两朝，社会动荡，士人们形成了一种特别的处世哲学。他们纵酒欢歌，蔑视礼法，不求使命宏大，只愿个性张扬。

帮司马睿把名头打出去后，王导决定自己先出面，去拜会当地的名门望族。

为表达诚意，也为交流方便，久居中原的王导学会了说吴语。

他性情谦和宽厚，善于察言观色，很快就收获了不少好感。

王导知道，南方大族缺的不是财富，而是政治地位。他承诺，要把一些重要的官职留给他们。

渐渐地，芥蒂开始消散。

南方士族们开始和司马睿把酒言欢。他们在惊喜之余，看到了司马睿的真挚和诚恳。

与想象中强横的诸侯王不同，他斯文有礼，甚至给人一种懦弱感。

王导则一展名士风流。他酷爱书法，自成一格。南渡时，很多东西不便携带，他却把大书法家钟繇的字帖小心翼翼缝入袍中，一路护到江南。

出身北方的著名世家，王导深谙士人间的交流方式。他不露声色地展现才学与风范，并不吝表达对江南文化的仰慕。

南北士族间的关系，开始有了微妙的变化。

司马睿侃侃而谈，推心置腹。他要让众人相信，他是可以信赖的自己人。

王导也不失时机地告诉大家：司马睿正是他们需要的强有力的靠山，他来自礼乐发祥的中原，身上流淌着皇室血液，代表着政治和文化的正统。

就这样，多位南方的士族领袖加入了将军府，更多士人入职效力。

司马睿终于站稳了脚跟。

就在司马睿和王导南渡的第四年，公元311年，匈奴人后裔刘聪带兵攻陷洛阳。

两年后，晋朝迁都长安。为避新帝名讳，建邺改名为建康。

公元316年，匈奴人攻破长安，掳走晋愍帝。

消息传到南方时，并没有引起太大恐慌。在晋朝宗室与南北大族的拥戴下，司马睿自立为晋王。

公元318年，晋愍帝的死讯传来，司马睿正式登基称帝，定都建康，史称东晋。

中国由此进入南北对峙的格局。

司马睿和王导在南方的经营，形成了一股强大的向心力，吸引着北方饱受战乱之苦的人们。

大批北方士族、百姓陆续南迁，避乱江左者十有六七。他们带来了中原先进的生产技术，也带来了中原厚重的文化。

在王导建议下，司马睿趁机大量招揽北方士人，充实官员体系。

励精图治的二人深知，经营国家就像耕种土地，需要勤勉、细致，不疾不徐。

继三国东吴之后，南方的经济和文化，迎来了又一次大开发。那些沉睡的山川林泽，因为越来越多的人的到来，而被唤醒。

自司马睿被拥立为晋王开始，王导就一直担任丞相。

王导为政贵在清静。他轻税赋，薄徭役，让战乱中背井离乡的民众得以休养生息。

他发明了侨寄法，在南方士族势力较弱的地区设立侨州、侨郡、侨县，用来安置北方移民，为他们提供稳定的栖身之地，同时又避免南北士族聚集，为争夺土地而引发矛盾。

草木有情，江南出现了一片欣欣向荣的局面。王导的威望也越来越高。

经过数载耕耘，他终于实现了当年渡江时对司马睿的承诺。

但王导的志向并非偏安一方。望着遥远的北方，他时常感受到来自故土的召唤。

什么时候才能重返故园呢？

司马睿已成为东晋的开国皇帝，他没有忘记王导为江南基业所做的努力。

二人本是同岁，司马睿却尊敬地称王导为"仲父"。

接受群臣朝贺时，司马睿看到王导要给自己行大礼，连忙起身，走过来一把拉住王导，要他一起接受百官朝拜。

司马睿的意外举动，让众臣大为吃惊。

中国
从春秋到盛唐

　　司马睿十分清楚，如果没有王导，即使渡过长江，自己也只是一个普通的封王，是王导辅助自己拥有了今天的一切，分半壁江山给他，又如何呢？

　　面对司马睿的盛情相邀，王导跪拜在地，坚持不从。

　　司马睿再三邀请，王导再三拒绝。他说："如果太阳也和万物一样毫无分别，那百姓该如何仰望沐浴光辉呢？"

　　王导苦辞不受，司马睿只好以加封职位的方式，表达心意。

　　君臣二人间的这一幕，深深震动了朝野。

　　尽管王导为人低调，但他的家族主导了东晋政坛，却是不争的事实。

　　王导贵为丞相，堂兄王敦统率六州兵马，朝中官员有一半以上都是来自琅琊王氏或与琅琊王氏有关。

世家大族曾是司马睿建立政权不可或缺的支持者。却也由此，原本的君臣关系，蜕变为皇族与士族共治的关系，形成了中国历史上一种特殊的政治模式——门阀政治。

门阀，即是世代为官的家族。自曹魏政权以后，官吏选拔开始注重门第出身，门阀的力量日渐彰显。

门阀政治之后在东晋维持了一百多年。

秋天到了，这是江南的好时节。

南渡以来，每逢佳日，相约长江边的新亭，成了北方士族保持多年的习惯。隔江远眺，景色苍茫，家乡就在江的那一边。

王导思虑重重。

忽然有人感叹："眼前风景与中原相似，不同的是，如今那里换了主人。"

王导说："我们应当同心合力恢复中原，为什么要相对而泣呢？"

王导从未忘记北方，可眼下的南方，还无法让他安心。

不断有南方士族来找王导诉苦。随着北方士族在朝中占据主导地位，双方的矛盾逐渐显露。作为调停者，王导不胜其扰。

但王导内心真正的担忧，是他的堂兄，大将军王敦。王敦手握重兵，权倾一时，他越来越不把司马睿放在眼里。

王敦年轻时就以粗放豪迈、铁石心肠著称。

当年在洛阳，富豪石崇和他人斗富，邀请王导、王敦前去见证。石崇定了个规矩，让侍女敬酒，如果客人不喝，就立即斩杀侍女。

王导从不饮酒，但面对此种情况，也不得不频频举杯。可素来豪饮的王敦那天却故意一杯不喝。

王导上前劝说王敦，王敦却回答道：关我何事？

王敦的跋扈以及王家的势力，让司马睿隐隐不安。亲信告诉他：外面都在传，"王与马，共天下"。

他想起那天接受群臣朝拜时的场景，他是真心想和王导一起分享天下，但是

不是因此而让旁人产生了不该有的联想？

传言越来越多。身边的人不断劝说司马睿，应该钳制王导和他的家族。

司马睿自知不该怀疑相知多年的王导，但心中的忧虑却也很难消除。

司马睿意识到，自己大约是史上最没有权势的开国皇帝了。这不是一件令人愉快的事情。

疑云越压越重。

司马睿与王导数十年结下的友谊，第一次出现裂痕。而裂痕一旦产生，就会不断扩大。

朝中大臣也多次提出打压士族、加强皇权的建议，矛头直指琅琊王氏。

司马睿觉得，有必要采取一些措施了。

随后，受王导重用的官员以及王氏家族的人，陆续都遭到弹劾。

针对手握重兵、驻守武昌的王敦，司马睿特意将一些北方流民征召入伍，又将亲信安排到重要位置，暗中为防范王敦做出军事部署。

王导明显感受到了司马睿的态度变化，但他始终不动声色，仍专注于自己分

内的工作。

而司马睿已经下定决心了，他要削弱王氏的权力。

与王导的隐忍不同，性情暴躁的王敦准备反击。

对王敦信中透露的反意，王导并不意外。他素知王敦为人。给一个人权力容易，想要收回来却难。

王导只能劝王敦不要鲁莽，司马睿是个重情谊的人，不会有过分之举。

但王敦早已按捺不住了。公元322年正月，他以"清君侧"为名，从武昌起兵，直指建康。

司马睿一直处在焦虑之中。

他是个感恩的人，也是个念旧的人。但为了司马氏的天下，他必须提振皇权。

就在备受煎熬之际，一个消息传来——"陛下，王敦谋反！"

司马睿或许预想过这样的结果。现在，它果然到来了。

王导也获知了王敦谋反的消息，他为没能劝住兄长而深感懊悔。面对已经发生的事实，他无意逃避。

司马睿召集群臣商议对策。有人提出，将建康城内的王氏一族全部诛灭，以绝隐患。

但这一动议遭到南方与北方士族的联合反对。他们既不希望琅琊王氏一支独大，也不希望皇权被强化。如何处置王氏一族的背后，是皇权与士族力量的博弈，也决定着门阀政治的走向。

群臣纷争让司马睿更加难以抉择。

王敦的军队日日挺进，家族命运生死未决。

王导率先做出了行动。他脱下丞相的官服、官帽，带着家族的兄弟子侄，天还没亮就跪在了皇宫前。

初春时节的建康城，冷雾弥漫，寒凉沁骨。王导的诚意打动了正在犹豫不决的司马睿。司马睿同意与王导一见。

目睹王导毕恭毕敬地捧着朝服走进殿内，司马睿几乎下意识地起身迎上前去。

王导拜倒在地，万分自责。

司马睿在这一刻变得无比清醒：王导并没有做错什么。

他们自幼相识，32岁一起南下，这是他最忠实的朋友和臣子，绝不能让猜疑和迁怒毁了这一切。

王导说："没想到乱臣贼子竟出在臣的家族。"

魏晋时期的男性审美

魏晋时男性以女性化为美，每日净面、敷粉、熏香是士族公子的必修课。那是"男色消费"的黄金时代，并留下了两个著名的男色消费案例：一个是潘安上街被女粉丝"掷果盈车"，另一个是卫玠上街被围观群众"看死"。

司马睿扶起他，说道："这是什么话，朕还要把整个国家都托付给你呢！"

司马睿不但没有降罪，还下诏把自己任安东将军时的符节授予王导。

千钧一发之际，司马睿的决定是明智的。这个明智决定，也替他保住了东晋社稷。

回到家中，王导闭门谢客，以避嫌疑。但外面的形势变化，仍不断传入府中。

王敦沿长江水陆并进，逼近建康，局面对司马睿越来越不利。盛怒之下，司马睿披挂战袍，准备亲自率兵迎战。

听闻这一讯息，王导隐隐预感，更糟糕的情况可能就要出现。

没有中央军的东晋王朝，只能不断依靠各地方军力来抵抗王敦，但收效甚微。

王敦的进攻速度如此之迅猛，建康城的陷落如此之快，超出了所有人的预料。刚刚还在率军迎击的司马睿，沮丧地脱下盔甲，换上了朝服。

宫女、宦官、亲信，大多已四散奔逃，皇宫里只剩下几个侍卫，还有可怕的安静。

攻陷建康后，王敦放纵士兵在城内外劫掠，一直没有去见司马睿。

司马睿对身边的人说："这个王敦，如果想要坐我的位置，可以早说嘛，何必让百姓受苦呢！"

之后，司马睿写了一封书信，派人给王敦送去——"你如果还不忘本朝，就此息兵，我们可以共同安定天下。如果不能这样，朕就回到原来的封地琅琊，给贤者让路。"

这一年，司马睿47岁，登基称帝仅仅四年。苦心经营了十余载的大好江南，

　　顷刻间成了他人囊中之物。

　　一切仿佛大梦一场。

　　王敦以胜利者的姿态去见王导。失势的司马睿封他为丞相，他已成为东晋王朝的实际操控者。

　　王敦说，几年前西晋灭亡时，他就不想拥立司马睿，却遭到王导的坚决反对，这一次起兵，王导又没有听他的，导致整个家族差点覆灭。

　　王导的态度却冷淡而坚决。他劝王敦尽快收兵，回到驻地。

　　王导一直谨记着家族遗训：信、德、孝、悌、让。

　　虽然，从乱世传下来的家训里没有"忠"字，但他心里从未忘记补上这个字。法统名分，君臣之义，是铭刻在他骨子里的士人操守。

　　在王导的坚持下，王敦最终退回武昌，但仍以强大的政治军事实力遥控朝政。

　　建康城破后，司马睿度过了一生中最幽暗的日子。

这也是他人生的最后一段时光。他依然是东晋的皇帝，但已不再是之前的那个皇帝。他是一个失败的、丧失了所有权力的皇帝。

这击垮了他全部的精神意志。大部分时间，他都独自一人，枯坐在宫中。

眼前的江南已不是他的江南，身后的北方却是他回不去的北方。他时常陷在回忆里无法自拔，郁郁终日。

南方的雨季，总是绵绵不绝，漫长得好像永远见不到天日。一切都是潮湿的，阴冷的。明明昨天还繁花似锦，为什么会走到今天的境地？

作为司马氏的后代，司马睿当然深知皇权至高无上的重要。但他也知道，相比先祖，自己无疑是懦弱的。所以，他愿意和王导同船共渡，携手而行。

作为世家大族的后代，王导只想以士族之力辅佐皇权，用一个王朝的辉煌，成就一个士人的荣誉。但权力却按照自身的逻辑，发展成了他也无法控制的结果。

他们一起来到南方，从无人问津走到创立新朝，司马睿和王导都以为，一切终于有了改变。

但是，到最后，司马睿竭尽全力想要维护的皇权，和他同样竭尽全力想要维护的朋友，似乎都不知所踪。

王导一心想要营造的安定繁荣，还有琅琊王氏绵延不绝的光荣，似乎也无力左右。

而他们共同的北国故园，和彼此心中都不愿放弃的友情，永远地停留在过去的某一个时间，一个回不去的时间。

【公元323年，司马睿抑郁而终。】

司马睿离世第二年，王敦再次起兵反晋。这一次，王导和琅琊王氏其他成员都站到了他的对立面。

很快，一意孤行的王敦身死兵败。王导再一次替司马睿保住了他的江山。

没有了司马睿的日子，王导抵达了他人生的顶点。

之后的两代皇帝都对王导敬重有加。此时，东晋已不再设丞相一职，王导被封为掌管国家民事的司徒，兼太保，辅佐太子。

皇帝准许王导上殿穿鞋、佩剑，奏事不用通报姓名，甚至以晚辈身份向他颁布诏书。他是东晋三朝元老，已成为王朝的精神象征。

风云跌宕，岁月穿行，王导正在老去。

晚年的王导，对于奏章和决策都不再做出评价，只偶尔画圈称诺。当年以精准点评时事人物而著称的大名士，成了许多人眼中的老糊涂。

有人将这样的议论告诉他时，他微微笑道："你们都说我糊涂，等我死了，

你们会怀念这种糊涂的。"

王导的糊涂中，隐藏着无奈，也充满了智慧。

隔江而治、掌控南中国的东晋王朝，看似光彩绚烂，但搭建在门阀政治上的皇权并不稳固。

人情练达的王导是洞悉这一切的。他亲手推动形成了这样的政治格局，又用一生的时间来寻求平衡。

王导尽力了。

在中国北方乱作一团时，东晋小心翼翼地维持了南方的百年偏安。

衣冠南渡，让中原的政治和文化根脉得以延续，也让南方获得了一次前所未有的大开发，将它的广袤丰美尽情展现。

公元420年，东晋王朝终结，南朝开始，中国进入了新的历史时期。

由皇权与士族共治的门阀政治，没有足够的力量一统天下，甚至无法让一个王朝延续更久，但却为后世留下了一份独特而璀璨的文化遗产。

公元353年三月初三，上巳节。

一些士族子弟相聚在绍兴兰亭，饮酒赋诗，畅叙幽情。

其中有精通音律文学的陈郡谢氏领袖谢安，还有琅琊王氏后人王羲之。

那天，王羲之写下《兰亭集序》，记录山水之美和聚会之欢，被后世称为"天下第一行书"。

这只是东晋时期无数次士人雅集中的一次，却被后人不断怀想。

怀想他们用率真自信塑造的魏晋风度，怀想他们为中国文化赋予的洒脱气质。

物换星移，旧时王谢堂前燕，最终都飞入了寻常百姓家。一个时代终会结束，但每一个时代都会留下它不灭的精神。

融合

捌

这是拓跋宏对母亲的最后一段记忆，也可能只是他的幻想。

他完全记不起母亲的样子，只知道人们称她为"李夫人"。

拓跋宏在这里出生、学步，留下了初来这个世界时的哭声与笑声。

直到有一天，一个消息传来：他被立为北魏王朝的太子。

这是公元 469 年，拓跋宏三岁。

与其说是母亲离开了拓跋宏，不如说是拓跋宏送走了母亲。

为了避免外戚干政，北魏皇室立下了"子贵母死"的制度。一旦有儿子被选定为皇位继承人，生母就会被赐死。

李夫人离世前，大约只牵挂着一件事：刚刚学会走路的儿子，能一直平稳地走下去吗？

鲜卑，中国北方的一支游牧民族，曾居住在大兴安岭嘎仙洞一带。他们最早被匈奴人奴役，后来，匈奴被汉朝击败，鲜卑趁势崛起。

东汉以来，鲜卑分裂为多个部落。其中的一支，拓跋部，逐渐强盛，于公元386年复立代国，后改国号为魏，史称北魏。

这时的中国北方，同时还生活着匈奴、羯、氐、羌等民族，相对于中原汉人，他们被惯称为"胡人"。

这是中国历史上政权更替最为频繁的一段时间。以公元304年匈奴人叛出西晋、建立汉赵为开端，之后西晋被匈奴所灭，中原政治中心南迁，中国陷入了一百多年的混乱，各族各地纷纷立国、灭国、再立，其中实力较强的先后有十六国。

公元426年至439年，北魏在第三任皇帝拓跋焘带领下，用13年时间，陆续吞并同一时期的夏、北燕、北凉等国，最终统一北方，结束了十六国时代。

与南朝隔江而治的北朝由此开始。

"兵利马疾，过于匈奴"，这是史书上对鲜卑人的评价。

他们自命神州正统，一直有南下之意。鲜卑语里，"拓跋"的意思就是"黄帝的后代"。定国号"魏"，是因为，魏曾是"神州之上国"，他们想以此表达心胸和志向。

自北魏开国皇帝将都城从草原地带的盛乐，迁到与农耕文明接壤的平城开始，他们就做好了南下的准备。

但是，从北方草原南下，以主人的身份去开辟和领导一个新世界，还能像打仗那样顺利吗？

以前，鲜卑与中原汉人更多是刀枪上的碰撞。现在他们面对的，是生活方式和文化习俗的碰撞。

数百年来，他们习惯了游牧、围猎，漂泊不羁。而中原地区的汉人世代农

耕，过着定居生活，礼仪制度都更加完备。

随着占领的土地不断延伸，统治的人口越来越多，社会环境越来越复杂，北魏统治者意识到，他们面临着历代北方游牧民族政权都遇到过的一对矛盾：一方面为了扎根汉人地区，不得不选择汉化；一方面又想要保持本民族不被同化。

他们该如何选择呢？

拓跋宏出生时，北魏统一北方已近三十年。这时北魏的实际掌权者，是冯太后。

冯太后出身汉族，爷爷是十六国时期北燕的皇帝。她16岁被册封为皇后。

拓跋宏的父亲献文帝即位后，25岁的冯氏成为皇太后，随后进入了北魏政权的核心圈。

如今，她成了太子拓跋宏的抚养人。冯太后非常喜欢拓跋宏，甚至对他有些溺爱。在太子身上，她似乎看到了更远大的希望。

献文帝自从亲理政事，就与冯太后之间逐渐产生了无法调和的矛盾。

公元471年，年轻的献文帝禅位于5岁的太子拓跋宏。五年后，献文帝骤然离世。冯氏以太皇太后的身份再次临朝听政。

冯太后视拓跋宏为己出，倾注全力去培养他。在她的安排下，拓跋宏从小就学习儒家经典，稚嫩的心中，埋下了一颗汉文化的种子。

此时的北魏国势正旺，对北方的统治已十分稳定。但冯太后认为，要长治久安，唯一正确的一条路，那就是汉化。

不仅仅是因为汉文化本身的博大精深，更在于它代表了国家正统。

在汉人老师的严格教育下，拓跋宏深受熏陶，史书记载他，"《五经》之义，览之便讲"，"史传百家，无不该涉"。

看着拓跋宏一天天朝着预定的方向成长，冯太后心生宽慰。她把全部心血与希望，都投注在拓跋宏身上。

在国力鼎盛的时期，她未雨绸缪。她期待的，不仅仅是这个孩子的成功，还有一个国家的未来。

鲜卑有自己独特的文化和传统，这曾是他们凝聚部族的重要方式。但当他们发展成为统治整个中国北方的庞大帝国时，这种凝聚力反而成了走向开阔世界的阻力。

当政者试图通过推行汉制、任命汉人官员，来稳固江山。但鲜卑贵族却无法容忍权力被分割。所以，尽管北魏很早就有过相关举措，但进展缓慢，甚至还发

生过汉人重臣被降罪诛灭全族的惨剧。

拓跋宏自幼目睹这种激烈的冲突。他不想再像其他民族那样，在被动的、自我矛盾的汉化中消耗掉族群的生命力。他要主动地、积极地迎接和发起变革，让鲜卑人获得更阔达的生存和发展空间。

公元483年，17岁的拓跋宏颁发了一道特别诏令：禁止同姓结婚。

同姓婚姻是鲜卑沿袭多年的习惯，但这不合中原礼法，拓跋宏决定用设立制度的方式，强制终结这一习俗。

这是年轻的拓跋宏向根深蒂固的鲜卑传统，发起的一次试探性的挑战。

他的态度很坚定。他的信念，来自对汉文化的认识和对鲜卑人长远利益的关注。

一年后，在冯太后主导下，拓跋宏效仿中原政权，要给官员们定期发放俸禄。

这遭到鲜卑贵族们的强烈抵触。此前，北魏官员没有薪水，收入主要靠赏赐、掠夺和贪污受贿。

俸禄制规定："赃满一匹者死"，目的就是为了约束鲜卑贵族的贪赃掠夺。

为了汉化政策的有效推行，冯太后特意选拔了一批汉人官员辅佐皇帝。李冲便是其中之一。

李冲为人机警，时常跟随拓跋宏一起去各处考察。

这时的北魏面临一个巨大难题，游牧方式无法满足国家对财富的需要，增加收入的现成榜样，就是农耕社会的赋税制度，但北魏却难以实施收效。

长年战乱加上放牧习惯，使得大片土地荒芜或是变为牧场。平民手中的土地稀少，无力承担沉重的税赋，拥有大量土地的贵族，却享有免税的特权。

如何才能使国库充盈起来呢？

公元485年，北魏开始推行"均田令"和"三长制"，农民重新分到土地，不论官民平摊税赋，并设立邻长、里长、党长，进行有效管理。

这些政令再次遭到鲜卑贵族的激烈反对。但冯太后和她一手带大的皇帝拓跋宏，都义无反顾。他们要让北魏壮大为真正的神州上国。

拓跋宏已经长到19岁了，他看起来有点少年老成。

这一系列雷厉风行的新政，就像冯太后送给他的成年礼。他也即将踏上属于自己的路。

拓跋宏经常会梦见北方草原上的西拉木伦河。那是他们的祖先之河，是孕育了北方多个民族的摇篮。从那个源头出发，一代代鲜卑人走向更远的世界。无论他们走多远，似乎都能听见远方河水的流响。

草原上还有很多发源于此的大河，它们各自流淌，没有汇入黄河，更没有汇入长江，就像是独立于中原文化体系之外的鲜卑文化，自成一格。

但现在，拓跋宏有意改变它们的流向，想让它们汇入中原的大江大河，因为他心中盛放的，是整个中国。

　　眼前的改革还只是制度效仿，依赖行政命令的强推，缺乏思想认知和文化自觉，反而容易激起反抗。这让他时常感到步履维艰。

　　好在冯太后一直就在身边。具有丰富政治经验的冯太后，游刃有余地维护着与鲜卑守旧派的平衡，一点一点推动着各项汉化措施的进程。

　　然而，正当拓跋宏踌躇满志时，他的支柱却轰然倒塌了。

　　公元490年，秋分将至，掌控北魏政权二十余年之久的冯太后去世。

　　这一年，拓跋宏24岁。因为哀痛，他一连五天都不吃不喝。

　　冯太后是他最亲近的人，是他成长路上的指引者和守护者，更是北魏改革的灯塔。没有了冯太后，接下来，拓跋宏将独力去开拓南下之路。

　　这是冯太后的遗愿，更是他从小的理想。

葬礼之后，拓跋宏表示要在陵墓旁结庐独居，守孝三年。这完全不符合鲜卑传统，就连饱读儒家典籍的汉族大臣也认为天子无此先例。

拓跋宏最终放弃了这个想法，但依然保留了三年服丧的基本礼仪，同时停止一切庆祝活动和车马仪仗，禁绝酒色，朝夕食粥，直至第二年春才开始处理政务。

这不仅是为了表达哀思，更是在昭告天下：这个鲜卑人创立的王朝，将以中原的礼教，作为立国之本。

公元493年，冯太后去世后的第三年，拓跋宏启动了他亲政之后最为大胆的一项计划。

这天，他在首都平城的明堂召集群臣，举行斋戒，用占卜的方式决定是否要出师征伐南朝。

占卜结果出来了——革卦。

拓跋宏一听，立即引述革卦的象辞说：汤、武革命，应乎天而顺乎人，这卦象真是再吉利不过了。

满朝官员默不作声。唯有皇族任城王拓跋澄站出来反对，说这次出兵，征伐的是尚未归服的小邦，可得到的却是商汤王、周武王革命的卦象，恐怕不能算是大吉。

拓跋宏厉声喝止拓跋澄说："这是我的社稷，任城王是想阻止我发兵吗？"

拓跋澄回答道："身为社稷之臣，怎么能明知危险而不说话？"

过了好久，拓跋宏才缓和过来，说道："我们不过是表明了各自的看法而已，这也没有什么关系。"

于是，这场隆重的仪式草草结束。

任城王拓跋澄在鲜卑贵族中有很大的影响力，拓跋宏也一直视他为心腹。就在占卜结束后的当晚，拓跋宏把拓跋澄叫进宫里，进行了一次秘密谈话。

　　拓跋宏告诉他：解析卦象时之所以大怒，是担心人人竞相发言，破坏自己的大事。接着，拓跋宏把深思熟虑的全部计划和盘托出。

　　听到皇帝南下征伐的真实意图后，拓跋澄表示将极力支持，并保守秘密。

　　施行大计之前，拓跋宏做了一件很重要的事——立长子拓跋恂为太子。他知道这次出行的时间不会短，可能成功，也可能失败。但无论如何，他都需要一个稳妥的后方。

　　拓跋宏对太子寄予厚望。就像很多年前冯太后培养他一样，拓跋宏也引导太子自幼学习汉文化。他即将开创大业，他期待着太子有朝一日将继承这一切。

　　三年服丧期满，拓跋宏断然宣布：太子拓跋恂留守平城，自己亲率百万大军和文武群臣，从平城出发，南征萧齐政权，而且不容劝谏。

平城，作为北魏都城，已有近百年。它靠近中原腹地，又紧邻漠北草原，是鲜卑贵族心中的理想之地。但放在更大的视野来看，平城仍然偏僻闭塞。

公元493年秋，拓跋宏大军就从这里出发了。这是北魏历史上规模最大的一次出征，或许也是最艰难的一次。

队伍出发后，遇上连绵阴雨。习惯了干爽气候的兵将和大臣们叫苦不迭，却又碍于严格的军令，不敢怠慢。唯有拓跋宏一路精神抖擞，毅然前行。

经过一个多月的行军，他们到达魏晋旧都洛阳。

雨越下越大。按照拓跋宏此前的作风，队伍应该继续冒雨行进，他却难得舒了一口气，破例让众人进城休息。

只有他自己知道，这场声势浩大的行军，其实另有目的。

拓跋宏欺骗了几乎所有人，他在进行一次风险巨大的豪赌。

在洛阳停留六日后，拓跋宏下令大军继续南进。但那些被长途跋涉折磨不堪的大臣们，实在忍不住了，他们提前跪在出城的路上，劝谏拓跋宏放弃南征。

一向支持皇帝的李冲这次带头劝阻，说南征并没有取得所有人的同意，只是拓跋宏一意孤行，如果执意南征，他会和大臣们以死相劝。

拓跋宏听完大怒，对大臣们说："我意在经营天下，你们却屡屡怀疑我的大计。斧钺不饶人，你们不必再说了！"

然而，任城王拓跋澄带着群臣继续苦谏不止。拓跋宏终于调头回城。

转身的一刻，拓跋宏知道，精心谋划的大事就要成了。他让所有人做选择：要么继续南下，要么迁都洛阳。

身心疲惫的群臣最终选了后者。这才是拓跋宏的真正目标。

迁都洛阳，是他推行全面汉化的重要一步。预见到迁都的困难，拓跋宏制定了以伐齐之名南下，用既成事实让老臣们就范的策略，由李冲配合行事，拓跋澄从旁策应，对北魏王朝至关重要的一件大事，就这样定下来了。

洛阳位于中原腹地，北邻黄河，伊水和洛水在此交汇，四通八达，经济富庶。

自古以来，这里就代表着天下之"中"，东周、东汉、西晋都曾定都于此，是汉文化和中原政权的核心区，有着极强的象征意义，素有"得洛阳者安天下"之说。

洛阳距离平城有一千多里，迁都至此，意味着鲜卑人不得不割断原先的生活和风俗，彻底融入中原文化。

率大军佯装伐齐的第二年，春回北国大地之际，拓跋宏正式发布诏书，宣布迁都洛阳。他相信，这也是冯太后想看到的结果。

但未来之路依然漫长。拓跋宏正值盛年，英姿勃发，一个宏伟的蓝图已经清晰浮现：

他要让鲜卑贵族置身于浓郁的中原氛围中，以文化人。

他要让北魏政权快速告别武力蛮强时代，成为文明之邦。

他要向天下展示全面继承汉文化的坚决姿态。

之后，他将挥师南下，一统江山，成为名副其实的中国天子。

公元494年冬，北魏的文武百官和宫廷机构悉数迁往洛阳。荒废近两百年的洛阳城，重新恢复了都城的气息。

对大部分从未涉足中原的鲜卑人来说，这是一个新鲜的世界。

鲜卑人为便于骑马游牧，服装紧身

且袖子窄，与汉人的宽袍大袖、精美飘逸形成明显反差。汉人对头发、服饰很是注重，待人接物，从言语到举止，都有一套独特的礼仪。

这些都让鲜卑人感到好奇。然而，他们又很难融入汉人的生活中。

巨大的冲突跃然眼前。作为迁都的策划者，拓跋宏无法回避这些现实矛盾。

实际上，他并非没有预见。相反，这正是他迁都的原因。他迁的不仅仅是都城，更是文化。他要的不是对立，而是深度地融入汉文化。他相信，这将带来新的生长，绽放新的生机。

当然，贯彻原则永远比制定原则困难得多。他决定，先从那些一眼就能看到的差异入手，让改变被所有人感知。

迁都当年的十二月，拓跋宏下诏，要求所有鲜卑人一律改穿汉人服饰，发式也和汉人相统一。

半年后，他再次下诏，要求朝臣一律使用汉语。年满三十的，可以逐渐改变，30岁以下者必须立即改变。

诏书中，他将鲜卑语称为"北语"，将汉语称为"正音"，以表其鲜明立场。

相对于服装发式，改变语言要困难许多。

为了立威，拓跋宏在朝堂上拿李冲开刀，说道："李冲居然向我提出，四面八方的人说话不同，谁也不能说自己对。他这么说，就是辜负国家社稷的重托，应该让御史拉出去治罪！"

李冲赶忙摘掉帽子磕头谢罪，退了下去。

李冲是改革派，一向为皇上敬重。见他尚且如此，其他人哪还敢再说些什么。

紧接着，拓跋宏又下了一道更苛刻的诏书：不许在朝中说鲜卑语，违反者立刻免除官职。

之后，拓跋宏率先垂范，不仅改说汉语，还用汉语创作出许多优美的诗歌，迅速为鲜卑年轻一代所模仿。

一些鲜卑语也因此融入汉语言中，丰富了汉语的表现力，影响至今。如汉语中的"哥"字，就是由鲜卑语演化而来。鲜卑民歌个性明亮，率真而雄阔，鲜卑文化的精华，为汉文化注入了鲜活之律。

崇尚儒学的拓跋宏，还诏令在洛阳设立国子学、太学，并在东、西、南、北始置四门小学，教授礼乐文化。

但这些都是鲜卑人在政策规定下的被动接受，有没有一种方式让人们主动交融呢？

太子已进入适婚年龄，这让拓跋宏再次想到了婚姻伦理的社会作用。

南北朝时期讲究门第，即使皇亲贵胄拥有巨大权力，但在社会上，人们仍然习惯以门第姓氏来判断地位高低。

拓跋宏亲自安排了许多拓跋贵族与汉族大姓通婚，并下诏为六个弟弟重新娶了汉族大家之女为妻。

通过联姻，拓跋贵族获得了中原士族的认同，也让他们从此血脉相融。

短短几年，北魏就焕发出新的气象和格局。

以儒家为代表的汉文化，在洛阳取得了绝对优势。而鲜卑人的迁入，使得

以汉文化为主体并吸收了各族文化的洛阳，再次成为北方乃至整个亚洲的文化中心。

就连以延续文化正统自居的南朝士人，也有人回归北朝，并发出"衣冠士族，并在中原"的感慨。

看起来，一切都在朝好的方向发展。

为了彻底汉化，公元496年，拓跋宏下令鲜卑贵族全部改为汉姓，其中皇族拓跋氏改姓为"元"。拓跋宏从此改名为"元宏"。

然而，一件意想不到的事情发生了。

就在这一年，拓跋宏突然接到一个消息：太子拓跋恂在守旧贵族的教唆下，杀害自己的汉人老师，意欲率领军队返回平城。

盛怒的拓跋宏立刻将太子逮至御前，重重地杖打了百余下。随后他废除拓跋恂的太子身份，将他迁至河阳关押起来，每日仅以粗衣淡饭相待。

拓跋宏太愤怒了。他低估了反对者的势力，更没想到最先出头的，竟然是自己的儿子，自己倾尽心力培养的王朝接班人。

伤心与失望击打着拓跋宏。他严惩拓跋恂，不只是怒其不争，也是向反对者示威。

太子事件让北魏保守派与改革派之间的斗争浮出水面。

同年冬天，留守平城的鲜卑贵族发动了一起政变。拓跋宏果断派任城王拓跋澄率兵平叛。

不久，他又接到密报，称拓跋恂仍与左右密谋反叛。囚禁中的拓跋恂因此而被赐死。

拓跋宏不能容忍大业受阻，哪怕挡在面前的，是亲生儿子。

连续的叛乱让拓跋宏意识到，必须加快前进步伐，否则，复辟与倒退的危机会不断蔓延。

他将目光投向了南朝。这时的南齐政权刚刚经历了一场宫廷内斗，西昌侯萧鸾杀帝篡位，对宗室大开杀戒。

以神州正统自居的拓跋宏认为，他有责任纠正南朝的错误，让圣人的德治和光辉普照中国大地。于是，公元497年，拓跋宏趁南齐内乱，亲率大军20万南征。

南齐是南北朝时期南朝的第二个政权。公元420年，东晋被刘裕创立的宋取代，南朝开始。公元479年，萧道成取代宋，建立齐，史称南齐。

北魏和南齐的疆域，东部大致以淮河为界，西部以秦岭为界。随着战事的变化，南北的界线来回多次推移。

自迁都洛阳后，拓跋宏发起过多次南征。他并没有十足的把握每次都能赢，但他必须要往南打。唯有统一天下，才能完成真正意义上的融合。

为了明志，他甚至剃掉了鲜卑人标志性的胡须。

一个阳光明媚的午后，南征途中的拓跋宏，利用短暂的休憩时间，接见了一

中国 从春秋到盛唐

个南齐来的使者。这本是他执政生涯中的寻常事务。

拓跋宏曾见过无数个使者，却从来没有见过如此这般令他久久难忘的风华人品。他看起来是那么优雅、有礼，言辞得体，举止有范。这位丰神俊逸的谦谦君子，仿佛是圣贤的化身。

拓跋宏的内心深处，像是突然被什么击中了。南齐使者身上散发出来的迷人的儒家气质，令拓跋宏倾倒。

这是他一生所向往的中原风范。他冒着巨大的风险迁都，一次次推动汉化改革，无非是为了离眼前所见，更近一步。

"白日光天无不曜，江左一隅独未照。"这是拓跋宏在南征途中用汉语写下的一句诗。

眼前的使者正来自"江左一隅"，是他的光芒未曾照拂的地方，但却带着他所神往的耀眼风采，来到了他的面前。

有那么一刻，他觉得这位南齐使者，就像是他苦苦追寻的正统。它离自己那

么近，几乎已近在咫尺，却又仿佛依然咫尺天涯。

历史留给他的时间，已经不多了。这位本来健壮俊朗的年轻人，在几年里高强度的奔波操劳中，燃烧着自己的生命。

就在这年秋末，南齐皇帝萧鸾驾崩。笃信儒学的拓跋宏下诏称："礼不伐丧"，引兵而还。

一年后，33岁的拓跋宏再一次南征。因为行军途中的鞍马劳顿，拓跋宏旧病复发，最终在返回洛阳的路上去世，谥号孝文皇帝。

在遗嘱中，他仍希望能"复礼万国"。这未酬的壮志，是他一生中最大的憾事。

【公元499年，拓跋宏去世。】

自公元490年独立执政，孝文帝拓跋宏在短短九年时间内，完成了一系列非同一般的壮举。

他将北方各民族的健勇无畏之气，注入一度颓废的中原文化，重新启动了北方大地新的生机。

他将鲜卑文化的河流，汇入了中原的大江大河，以极具前瞻性的理想，促成了一次史无前例的民族融合。

然而，由于拓跋宏的英年早逝，他所开创的汉化改革还未能尽数完成、深入骨髓。在他身后，北魏政权分裂为东、西两部分，洛阳宫殿也被拆除，这座锦绣之都再次化为一片废墟。

好在风浪与曲折过后，历史的航线总会被再次纠偏。而从此之后，以汉为主，胡汉融合，成为历史发展的主流，融入了大家庭的各民族得到了永生。

拓跋宏留下的火种，将在数十年后，照亮中国历史上的一个空前之局，成为隋唐盛世不可或缺的铺陈和奠基。

在这浩大奔涌的历史潮流中，拓跋宏那年轻的身影，显得尤为明朗矫健。

佛變

玖

建康城的皇宫旁，矗立着一座雄伟挺拔的寺院，名为同泰寺。

寺庙对着皇宫的方向开了一道门，名为大通门。

公元 527 年三月初八，清晨，钟声回荡在皇宫和寺院之间。

上朝的时候到了，大臣们像往常一样，准备奏议国事。

64 岁的萧衍却突然脱下朝服，换上事先准备好的僧服。

在初春的薄雾中，他跨步穿过大通门，走进了同泰寺。

面对错愕不已的百官和僧众，萧衍一脸肃穆地说道：

此刻，我的身份不再是皇帝了，我是一名僧人。

生在帝王家，总要比寻常人经历更多的沉浮沧桑。

作为皇室成员，兰陵萧氏贵族公子萧衍，本是个博学多才的文化人。他年轻时，因为文采出众，与著名才子沈约、谢朓等人，并称"竟陵八友"，名重一时。

有人形容他：六艺备闲，棋登逸品，阴阳纬候，卜筮占决，并悉称善，草隶尺牍，骑射弓马，几乎无所不通。

在声色瑰丽的南朝，琴棋书画诗酒花的日子，似乎没有尽头。但更为远大的前程，已经在等待他的出场。

萧衍的祖上，就是"萧何月下追韩信"那个著名典故的主角，萧何，声名显赫的汉朝开国宰相。带着先祖的威名和血脉传承，他很快走向仕途。

此时萧衍正值而立之年，气宇轩昂，踌躇满志。在朝中，他参与了几次重大的谋划设计，得到夸赞赏识，权位不断高升。不久，北魏皇帝拓跋宏带兵南征，他献上奇策，大破魏军。

文武全才的萧衍被视为国家栋梁。

历经百余年的战乱后，中国南北双方的对峙，暂时还看不到结束的时间表。北魏政权一统北方半个多世纪，多次试图南征而未果。

在南方，萧氏建立的齐已经取代了南朝的第一个政权刘宋。萧衍，就是南齐的皇室宗亲。

身处变幻莫测的大时代，最不缺少的，可能就是创造历史的机会，主动地，或者被动地。

南齐的平静日子并不长，齐明帝萧鸾疯狂屠杀萧姓宗室，东昏侯萧宝卷更是疑心过重，几乎将朝内大臣全部处死殆尽。

时任雍州刺史的萧衍也出现在猎杀名单之中。

消息传来，萧衍果断起兵。

从肆意纵情的文学才子，到王朝血雨中的隐忍权谋，一片厮杀博弈之后，信使快马飞奔而至，南齐最后一个皇帝的禅让诏书送到萧衍手中。

这意味着，公元479年才立国的南齐，只存在了二十三年，就要改朝换代了。

公元502年四月，建康城旌旗浩荡，鼓角悠扬。萧衍成功登上帝位，创立梁朝，史称南梁。

成为皇帝的那一刻，他的内心依然还是紧张的。亲眼目睹前朝亡国的这位新帝，格外懂得权力的翻云覆雨和转瞬即逝。

眼前的这个烂摊子该怎么收拾？怎样才能让王朝避免短命的结局？

南方需要一个新秩序。这片富足之地需要一个新权威。

萧衍吸取南齐灭亡的教训，勤于政务。不分春夏秋冬，他总是五更天起床，批阅公文奏章，在冬天把手都冻裂了。

作为一个皇帝，萧衍的节俭也是出了名的。他不讲究吃穿，衣服可以是洗过好几回的，一顶帽子戴三年，一条被子盖两年。吃的也多是蔬菜和豆类，而且每天只吃一顿饭，太忙的时候，就喝点粥充饥。

萧衍很快从一个自由烂漫的文人，变成一个勤勉自律的皇帝。

他要操心的事很多。

为了广泛纳谏，他下令在宫廷门前设立两个盒子，当时叫作函，一个是谤木函，一个是肺石函。

普通百姓想要给国家提什么批评或者建议，都可以往谤木函里投书陈情。功臣和贤才，如果没有因功受到奖赏提拔，都可以往肺石函里投书申诉。

萧衍登基后，国家运行势头向好，但有一件大事，让他心中郁结，却一时找不到办法。

南朝皇族缺乏家教门风，既不懂高雅情志，也不懂仁义孝道，只知道放纵胡闹的快活享受。宫廷里充满暴戾之气，动辄兵戈相见，故而史家评论"宋齐多荒主"。

时衰世乱，不仅皇家道德举止失范，整个社会也人心颓丧。萧衍感到，这才是对他执政的最大考验。

萧衍内心是焦虑的。

什么样的思想，才能拨开层层迷雾，如阳光一般照进人们心中？

萧衍本人与道教的渊源极为深厚。他与当时最著名的道教宗师陶弘景来往深厚，新王朝的名号"梁"，就是陶弘景提出的。每逢吉凶、征讨等大事，萧衍都要派人去陶弘景那里咨询，时人称其为"山中宰相"。

但萧衍认为，道教并不适合作为一个国家的意识形态，它更像是一种自我的修炼。道家成仙得道的理想，只适合于极少数的个人，并不利于国家统治，对于

普通大众也缺乏足够的吸引力。

与道家有密切关系的玄学在魏晋曾风靡一时，但随着东晋的士族势力被南朝的军人政治瓦解，玄学也一同失去了土壤。

萧衍的另一个选择，就是儒家。他出身世家，饱读诗书，自立国以来，一直在推行儒家伦理。

他下令成立了国子学，要求皇子和皇族宗室都前去受业。他还御驾亲临，举行祭拜孔子的仪式，亲自讲授儒家经典，并将自己编撰的《孔子正言》《五经讲疏》等著作，作为国子学的辅导教材。

同时，萧衍将礼仪与国家制度结合起来，抽调饱学之士组成制礼班子，历时11年，制定了超过八千条的五礼体系，涵盖了国家、社会和日常生活的方方面面。

汉代通过独尊儒术，政通人和，光芒万丈。萧衍希望，这也能为自己的王朝注入精神力量。

但是，东汉后期，儒学快速衰落，成为被嘲笑和反叛的腐朽对象。此后经历300年动荡，萧衍面对的儒生，早已不是原来的儒生了，没有了先秦时期昂扬勃发的气象，也没有了汉朝盛世中以天下为己任的风范。

在萧衍看来，这样的儒家，也难以支撑一个国家的精神世界。

那么，还有第三种选择吗？

佛教。

公元前6世纪至公元前5世纪，生活在古印度的乔达摩·悉达多创立佛教。人们尊称他为"释迦牟尼"。

佛教希望教徒能按照释迦牟尼的修行之道，重视心灵和道德的觉悟，超越生死无常的烦恼，最终获得解脱。

后世研究表明，最晚不晚于东汉初年，佛教从不同的路径传入中国。这是中国历史乃至世界历史上的一桩大事。

当中原王朝一统天下的帝国时代黯然结束后，陷入迷茫与恐惧的人们，迫切

需要精神安慰。随着佛经翻译日益发达，中国本土高僧积极讲传，魏晋以后，佛教开始大规模传播。

到了南北朝时期，由于社会普遍空虚，佛教广为流行，既成为上层社会的寄托，也成为普通大众的慰藉。

萧衍自幼信佛，曾倾注大量精力研究佛学，他的小名"练儿"就取自佛经。

灵光乍现——他决定全面采用来自遥远异邦的思想，解决中国的问题和困局。

在萧衍登基整整两年后的佛祖诞辰日，他下了一道《舍事道法诏》。

他向全国臣民公开宣布：他，萧衍，大梁皇帝，在菩萨面前发愿，决定迷途知返、皈依佛门，并将带领全体民众一道，脱离欲望的苦海，获得人间太平。

萧衍正式宣布，将佛教定为国教。他希望用佛教的悲悯，来荡涤整个南朝弥漫的戾气。

《舍事道法诏》，萧衍签署的这份诏书，意味着国家意志。信奉佛教，将不再是一种个人选择。

但只是下了诏令还远远不够，佛教的教义本身是脱离世俗和皇权的，而萧衍需要一个既适应皇权统治，又便于向民众推广的佛教。

萧衍冥思苦想，如何在形式和精神内涵上，对佛教进行改造。

他决定从日常生活入手。于是，他把改造佛教的第一步放在了饮食上。

梁朝立国十一年后，一道旨令突然从皇宫传出，要求从今以后，僧尼们不能再吃肉，只能吃素食。

这让僧人们迷惑不解，迅速有人站出来反对。

在一片沸沸扬扬的喧哗争议中，早有准备的萧衍连续抛出了他写好的四篇《断酒肉文》，宣扬自己的素食主张。

他提出，佛经提倡慈悲为怀，就应该不吃任何肉食，这样才能不堕入地狱。

而僧众却认为，戒律中"无有断酒肉法，及忏悔食肉法"，因此大家不愿执行"禁断酒肉"的诏令。

萧衍熟谙佛经，他立即引用《大般涅槃经》中"不得食一切肉"的经文，进行反驳。

但萧衍的理论并未让僧侣们信服，认为他将佛教的教义变成了戒律。

佛教传入中国后，一直在不断本土化，以适配中国的社会现实。而这一次它面对的，是治国的需要。

激烈辩论后，仍然没有结论。萧衍使出了最后的手段，那就是他手中的皇权：从即日起，不得再饮酒食肉，否则将依照国法治罪。

从此，佛教史上出现了一个特殊的现象：汉传佛教徒不吃肉，只吃素。祭祀活动也改为素祭。

古代天子祭祀时，讲究宰杀牛、羊、猪，三牲全备，称为"太牢"，这在

《诗经》《礼记》等典籍中都有记载。

萧衍决定，让神明祖先们改变习惯，用水果、菜蔬、面食替代。不可挑战的皇权，继续成为萧衍强力推行佛教改革的利器。

甚至在平日里，萧衍还命太医不得以虫、畜入药，织锦不许加入鸟兽之形，以防破碎后引起内心的伤感。

这种慈悲观，不仅是对印度佛教教义的重大发展，而且与儒家的仁德观念结合，极具中国特色。

与中国传统文化的切实融合，使佛教这一外来文化，在中国逐渐浸润人心。

萧衍的改造行动远没结束。

一个以萧衍为中心的"建康教团"逐渐形成。其中既有得道高僧，也有皇室成员和社会名流，讨论的话题涉及佛教义理和管理，还有国家的重大决策，相当于是以佛教为基础的政治顾问。

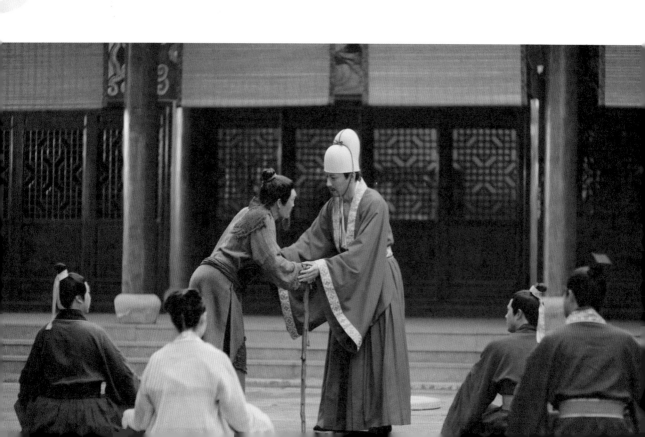

公元519年，经过七年时间反复讨论，《出要律仪》《在家受菩萨戒》等戒律陆续推出。

在萧衍看来，这些戒律和五礼制度一样，都是国家治理的工具。"五礼"规范人的社会行为，戒律规范人的个体心灵。

从此，僧侣和信众被赋予全面的标准和要求：从家僧制度、僧官体制，到各种仪式和行为，甚至内心世界。

佛门清规逐渐定型，包括素食、僧服、独身等等，佛教在中国拥有了一整套可操作的制度和模式。

原本，印度佛教独立于世俗世界之外，无需敬畏家人和政治。经过萧衍的调整后，仁义孝道和忠君爱国成为中国佛教的特点，佛教徒同样尊敬父母，中国还渐渐出现了"护国寺"这样的寺院，宣传爱国主张。

就这样，来自印度的佛教，通过萧衍的皇权意志自上而下推广，终于实现了中国化的系统更新。

256

中国 从春秋到盛唐
卷

不过，萧衍并不满足于此。

他身体力行，做得十分彻底——他正式受菩萨戒，取法名"冠达"，带头遵守佛教一切戒律。

萧衍真的做到了。从此他有了一个新的称呼：菩萨皇帝。

显然，他希望成为中国历史上第一位真正的政教领袖和模范，不仅是一个象征权力的帝王，更是百姓爱戴的偶像。

由于萧衍的大力推动，崇佛、信佛之风，在整个南朝弥散开来。

建造的寺庙很快就接近了三千座，仅在建康就有五百多座，僧侣超过十万，几乎每十人中就有一名僧人。

多年以后，唐代诗人杜牧这样写道："千里莺啼绿映红，水村山郭酒旗风。南朝四百八十寺，多少楼台烟雨中。"

为了让外来的佛教，与中国本土的道家、儒家都能为治国所用，萧衍提出了"三教同源说"，特别是以儒学作为自身佛理的立论基点，为佛教的中国化做了富有创造性的理论阐释。

这为日后的儒、释、道三教合流奠定了基础，丰富了中国文化的多样性。

萧衍的重视和投入，使得南梁的文化发展到了整个南北朝时期的巅峰。

他年轻时的文友沈约创立的"四声八病说"，如同给优美的汉语谱曲，为唐诗的绚烂绽放开辟了道路。大批诗人、文学家和《昭明文选》《文心雕龙》《诗品》等著作的涌现，塑造了中国人的文艺观，光耀千秋。

萧衍执政最繁荣的时候，南梁总人口达到2100万，建康城就有140万，秦淮河边市场云集，整个长江下游的商业活动风生水起，一片兴盛。建康城和同一时期的罗马城，被后人并称世界古典文明两大中心。

《南史》写道："自江左以来，年逾二百，文物之盛，独美于兹。"

此时的梁朝，进入南朝历史上最强盛的时代，在与北魏的数次战争中，梁军甚至一度占领洛阳，在与北方的比拼中树立起无可辩驳的正统地位。

后人曾这样形容梁朝：在阴雨连绵的南北朝时期，犹如乍晴的朗朗天空。

然而，乍晴的朗朗天空下，总有隐秘的角落，在酝酿下一个危机。

萧衍执政以来，对皇族一直非常宽纵。这埋下了繁华盛景衰败的祸根。

皇室成员不仅没有成为萧衍的股肱之臣，助他一臂之力，还接二连三

冷知识

"亲子鉴定第一人"萧综

萧综母亲原是南齐皇帝萧宝卷的妃子，萧衍灭齐后把她纳入后宫。成年后，萧综为确认自己的身份，偷偷挖出萧宝卷的遗骨，将血滴在上面验亲，发现血迅速渗入骨头。后来萧综投奔北魏，改名萧赞，最终客死北方。

地背叛了他。

他的六弟私通永兴公主，也就是他的女儿，谋逆篡位，并试图在萧衍斋戒时刺杀他。事情败露后，永兴公主无颜再见父亲，自尽身亡。

萧衍却依然不忍心责罚自己的六弟。

家庭悲剧接连发生。次子萧综，是萧衍与前朝东昏侯萧宝卷的妃子所生，实际并非他的亲生儿子，但萧衍依然对萧综宠爱有加。萧综成年后，从母亲口中得知自己的身世，却从此疏远萧衍，后来更在梁魏交战时，投奔北魏，改了名字，表示要为东昏侯服丧，最终客死异乡。

所有这些，似乎都在嘲笑他为使人心向善所做的努力。

萧衍最终原谅了弟弟和儿子，但他的内心已然万分虚空。这个世界上，似乎只有在佛门，他才能找到一块容身之地了。

于是，在公元527年三月初八的这个清晨，他选择遁入空门。

接下来的四天时间里，萧衍住在一间普通的僧人房间，睡在硬板小床上，用土碗吃饭。每到晨钟暮鼓，他都虔诚地做功课、念经文，甚至还和寺庙僧人一道打扫佛殿。

四天之后，同泰寺内跪满了文武大臣。他们坚称国不可一日无君，希望皇帝能以国家为念，继续操劳国事。

一整天过去了，夕阳西垂，萧衍终于同意了大臣们的请求，但条件是，国家得拿出十亿钱将他赎回。

很快，赎金尽数送达，得到住持允许后，萧衍重新成为皇帝。

返回建康皇宫后，萧衍宣布大赦天下，并改年号为大通。

后来，这样的场景又出现了三次，分别是公元529年、546年和547年，萧衍出家的时间也越来越长，最后一次出家时长达37天。

身在佛门的日子，他坚持独对青灯、虔诚礼佛，四更天就起床念早课，每天只吃一餐，而且都是简单的菜蔬。

最后，都是以国库出资十亿钱的代价，将他赎回。

公元547年，萧衍最后一次舍身同泰寺。在寺院里，他亲眼看到一次雷击，瞬间摧毁了他精心建造的九层宝塔。

萧衍震惊不已。面对残毁的宝塔，他苦苦思索着上天的旨意，思索着自己作为一个帝王和一个信徒的是非功过。

传说，萧衍曾见过印度高僧菩提达摩。达摩渡海东来，到达南中国。

萧衍和达摩之间有过一场对话。

萧衍问达摩："我自登基以来，建寺，度人，写经，造像，不可胜数，这有何功德？"

达摩回答："并无功德。"

这句回答对萧衍来说十分残酷。他自认为做了那么多佛事，应该已积累了极大的功德。

他心中失望，接着又问："为什么并无功德？"

达摩回答："这只是人天小果，有漏

之因，好比人的影子，看起来像是有，其实并非真的有。"

萧衍再问："那究竟如何才是真功德？"

达摩回答："清净智慧，圆融无碍，本体空寂，无法可寻。功德，绝不是世间的有为之法所能求到的。"

萧衍向达摩三问功德，却没有听到自己想要的夸赞。他心有不甘，换了一个话题，问道："那什么才是圣人所求的最高义谛呢？"

达摩回答："世间空空荡荡，哪有什么圣人。"

萧衍追问："那对着我而坐的人是谁呢？"

达摩说："不认识。"

两人话不投机，达摩起身离去。

萧衍博学多识，达摩的话中之意并不难领悟：刻意而为，并无功德；无功利心，才有功德。

醒悟过来的萧衍，想去追回达摩。

达摩此时已走到长江边。传说中，他回头看到有人追来，随手就折了一支芦苇，丢在江中，脚踏芦苇渡江，飘然而去。

萧衍过于痴迷佛教，正在导致他未曾料到的后果。他本想用佛教来凝聚国家和人心，结果却越来越背离他的初衷。

一次朝会上，大臣郭祖深抬着棺材上朝。他指出，大量土地已被寺庙所占，耗资巨大，而且不纳税。许多人为了逃避赋税，而不是因为信仰，不断涌入寺庙之中。众多僧侣依靠剥削他们为生，养尊处优。加上皇帝宽仁泛滥，官员贪腐严重，日益残暴。

萧衍十分生气，他咄咄逼人地要求朝臣们指认，具体是谁贪污残暴，并称自己的节俭已经到了极致，从没有浪费国库钱财。

面对萧衍的怒气，又有大臣上奏：皇帝的节俭只是小善，而整个王朝贪污成风，百姓生活悲苦不堪，如果放任下去，土地和户口大幅减少，国家十分危险。

萧衍用最高权力重建了社会的思想意识，给梁朝带来足以自豪的文化和经济成就，他无法接受，自己的克勤克俭只换来贵胄们的奢靡，他纵容式的仁慈只换来了贪婪与背弃。

这次朝会不欢而散。

之后，萧衍听到的批评声越来越少，每当人们称颂梁朝升平，嘲讽北朝没落，萧衍都倍感舒心。

但是，国家的灾难却没有和批评声一起消失。

公元534年，延续了150年的北魏政权分裂为东西两半。北方的混乱中，东魏将领侯景迫不得已向南梁投诚。萧衍不顾大臣们的反对，收留了侯景。之后又迫于战争压力，答应把侯景交还给东魏。

侯景知道，一旦返回东魏，自己将死无葬身之地。他决定铤而走险，带着残存的兵马，转身向建康发起攻击。

公元549年的初夏，侯景攻破台城。台城，就是建康皇宫。

萧衍已是86岁高龄了，他在皇位上已经坐了近半个世纪。年轻时就棋艺精湛

的他，不会不知道，一招走错，满盘皆输。

但他似乎并不介意输赢，也不介意到底是哪一招走错了。参佛多年，他应该早已勘破生死。

有史书记录了一段传闻：进入台城后，侯景与萧衍有过一番奇异的对话。

侯景彪悍好武，以残忍狂傲出名，他从北方一路血战南下，现在，他离皇位只有一步之遥，伸手可取。

作为胜利者的侯景，依然被萧衍的威严和平静所震慑。

萧衍：你是哪里人，居然敢犯上作乱！

侯景：臣朔州人。

萧衍：你的妻子儿女呢？还在北方吗？

侯景：臣妻子儿女都被东魏所杀，只有一人投奔陛下。

萧衍：你过江时有多少人？

侯景：千人。

萧衍：攻城时呢？

侯景：十万。

萧衍：现在呢？

侯景：率土之滨，皆为臣所有。

执政四十七年的萧衍，被侯景软禁50天后，饥渴而死。临死前，他希望能喝一口蜂蜜水，但没能如愿。

萧衍淡淡地发出一声感叹：自我得之，自我失之。

这是他一生最后的了悟——得失无常，兴衰有时。

【公元549年，萧衍去世。】

梁武帝萧衍去世后，南朝再也没有出现过辉煌。

南梁之后，佛教失去了主宰国家意识形态的可能性，但由萧衍改造的佛教戒律一直延续至今。

据传，菩提达摩一苇渡江后，一路西行，到了嵩山，他在此打坐修行，终日默然，面壁九年，开创了佛教的独特一支——直指人心、见性成佛的禅宗。

禅宗实际成了中国的本土佛教，后世的唐诗、宋词、元曲、山水画，处处可见禅宗的影子，它不仅影响了中国，也影响了整个东亚地区。

佛教进入中国，带来了一种新的思维，而经过不断改造的佛教，成为了中国文化的一部分。

据说，后来有人在西域葱岭，见到了完成中土传法、正在西归印度的达摩。

与包容的中国文化相结合后，外来文化的传入才能落地生根，并焕发出新的光彩。佛法西来完整地诠释了这个历程。

拾

关陇

微风掠过雨后的武川草原，宁静祥和，又生机勃勃。

天空如洗，万物缓慢生长。

中国北方的高远辽阔，有着一种无法言传的神奇，令人迷恋。

宇文泰就出生在这里，

出生在一个以镇守边疆为己任的鲜卑家族中。

公元 534 年，他任职北魏的夏州刺史，隶属于权倾一方的关西大行台贺拔岳。

自小在频繁战事中长大的他，已经颇具领袖气质，霸气、独断而敏锐。

乱世中，随时都可能有意外的消息传来。

关西大行台贺拔岳，遇刺身亡。

回到贺拔岳大军的驻地平凉，是宇文泰此刻唯一的选择。

未来会怎样，并不知晓。

　　宇文泰镇守的夏州距离平凉不远，他轻车简从，翻越陇山，却觉得这是一生中走过的最漫长的路。悲伤和焦虑，轮番冲击着他。

　　贺拔岳跟宇文泰一样，都是鲜卑人，都成长在武川镇，他们的父辈就结下了深厚的战友情谊。

　　武川是北魏镇守北方边疆的六镇之一，十年前的六镇起义，把几乎所有武川人都卷了进去。几经波折，贺拔岳脱颖而出，成为武川军人集团的领袖，并在平凉一带驻足下来。

　　平凉，地处陇山东部的群山环绕之中，东邻关中平原。关中曾是秦帝国和汉帝国的政治中心，陇山是通往西部的战略要地。人们习惯将这片区域合称"关陇"。

　　贺拔岳被授任关西大行台后，实际掌管着关中、陇东等地的军事指挥权。他将驻地设在平凉，联合周边刺史和当地豪强，建立起军事基地，进而招揽兵士扩充军队。快速壮大的武川军人集团，很快成为北魏政权最为倚仗的政治力量之一。

宇文泰断定，贺拔岳突然身亡，各方势力的均衡一定会被打破。这个局面谁来收拾，还是未知，但不管是谁，未来都会很艰难。

日夜兼程赶到平凉的宇文泰没有想到，等待他的消息是：众人一致推举，由他接任贺拔岳的领导权。

宇文泰果断接下军政大权，准备迎接下一场生死角逐。

这一年，宇文泰28岁。

世界再乱，总有人能泰然自若地按照自己的节奏生活。

身在关中平原的苏绰，似乎就不曾受到太多纷扰。

苏绰祖上代有仕官，父亲曾担任过当地郡守。在兄弟姐妹中，苏绰显得有些孤傲，他不喜欢游戏和运动，心思缜密，特别擅长算术。

他总是安静地读书，写字，抚琴，思考。旷野里的花开花落，他并不在意。战场上的策马扬尘，仿佛也离他很远。

苏绰是汉人，出生在武功。武功地处关中腹地，秦国于公元前350年设县，那是周人始祖后稷教导民众稼穑之地，也是汉朝忠臣苏武的故里，文化积淀丰厚。

苏绰出生的第二年，北魏孝文帝拓跋宏去世。北朝失去了一位雄主。

几十年间，王朝的权力争夺已是路人皆见。

苏绰的内心，并没有外表看起来这么云淡风轻。

中国
从春秋到盛唐
第二季

　　宇文泰接手贺拔岳大权的公元534年，苏绰37岁。就在这一年年末，贺拔岳在朝廷中的宿敌高欢与北魏孝武帝决裂，弱势的孝武帝不得已西去长安，投奔宇文泰。

　　高欢自立新帝，迁都今天河北河南一带的邺城，史称东魏。

　　不久，孝武帝意外身亡。宇文泰拥立北魏孝文帝拓跋宏的孙儿称帝，定都长安，史称西魏。

　　高欢和宇文泰各自高居丞相之位，成为东魏与西魏的实际控制者。

　　持续了一个半世纪的北魏政权终结。中国大地上呈现出南梁、东魏、西魏三朝鼎立的政治格局。新的竞争即将开始。

西魏面临的形势极其严峻。在南北三方的综合实力对比中，西魏最为弱小。

尤其是老对手东魏高欢，几乎年年来犯，尽管双方都伤亡惨重，但东魏实力雄厚，每次都能迅速恢复。

经过数次交手，西魏屡屡落于下风，元气大伤，宇文泰本人也在混战中多次遭遇死亡和被俘的威胁。

强权时代只给强权者生存的机会。

宇文泰急需建设一支强劲而稳定的军事力量。他拥有的鲜卑士兵数量非常少，来到关陇后，迅速淹没在汉人乡兵之中。

为了快速扩大兵源，宇文泰力邀当地汉人精英加入统治集团，共同组建一支高素质的中央军队。鼓励并推行鲜卑人和汉人的团结合作，这是宇文泰和弱小的西魏可以选择的唯一策略。

面对严酷的外部环境，以宇文泰为核心的武川鲜卑人，和关陇地区的汉人精英豪强走到了一起。他们并肩作战，形成了一个极具战斗力的地域性政治力量——关陇军事贵族集团。

关陇一带的汉人世家，都风闻了宇文泰砥砺革新的态度。他们的优秀子弟纷纷响应西魏朝廷的号召，去为国家效力。

苏绰依然在家中安稳度日。

他的堂兄苏让，被选拔出任汾州刺史。宇文泰特意安排，在城外长亭中为他饯行。

席间他们相谈甚欢。临分手时，宇文泰问道："你家子弟之中，还有谁可以任用？"

苏让认真想了想说："我的堂弟，苏绰。"

宇文泰立刻吩咐随行官员，征召苏绰到政府担任行台郎中。

用人之际，宇文泰的决断一向毫不犹豫。他随时在为未来做准备。

就这样，正在家中读书的苏绰忽然间就走进了官场。这个年近不惑的读书人，对突如其来的改变安之若素。他一如既往地安静，安静工作，安静观察。

行台郎中的职责全面而具体，行政、管理、财务都要面面俱到，纷乱琐碎。

苏绰提出了"朱出墨入"的记账程式，即用红色记录支出，黑色记录收入，财务收支变得一目了然。

官府之间的文书传递，苏绰也定下新规矩：用红黑两色分别书写出入公文。

凡呈递到朝廷的文件奏章，必须用黑色笔墨书写；凡由朝廷批示下发的文件，必须使用朱砂笔墨书写。这一政府机关行文方式，被此后历朝历代传承。

苏绰对这些日常事务的改进简便却有效。显然，这是一个一丝不苟又极富创造意识的官吏。他多年间熟读典籍，而且擅长解析推理，俨然一座移动的图书馆，行台中的官员们都心悦诚服。

逐渐地，西魏各官署中有难决之事，多会向苏绰请教。

苏绰在这个普通的行政岗位上默默干了一年多时间，并没有引起高层统治者的过多注意。

但他的工作上达中央，下接基层，这让他清晰识别出纷乱时局中的力量和希望，也逐渐有了自己的胸中丘壑。

有一天，宇文泰和朝廷高级官员、尚书右仆射周惠达讨论政务，周惠达一时回答不上来。他请求暂停片刻，出去议论一下。

退下朝堂的周惠达火速召来苏绰。苏绰听罢事情原委，立即为他做了缜密的分析与衡量裁定。

周惠达胸有成竹地回到朝堂之上，向宇文泰禀报。

宇文泰十分满意，他好奇地追问："我想知道，这是谁为你出的主意？"

周惠达如实回答："是苏绰。"他由衷地赞扬苏绰有大臣之才。

宇文泰笑着说："我也听说很久了。"他随即下令，将苏绰提拔为著作

佐郎。

　　但宇文泰并没有心思去深入了解一个有才华的官员。他国务缠身，千头万绪，生死攸关的挑战一个接一个，必须聚精会神，全力应对。

　　想要在战场上获胜，先得稳定住军心。面对全新形成的关陇军事贵族集团，宇文泰眼下最紧迫的问题是：如何把军权牢牢抓在自己手里？如何平衡六镇鲜卑军人与关陇汉人豪强势力的关系？

　　历经血与火淬炼的宇文泰，正在成长为一个冷静稳重的领袖。仗打得越多，他越懂得：决定军事成败的，绝不仅仅是军事问题。

　　他要在战场之外做两件大事。第一件是进行制度设计，第二件是处理民族关系。

　　于是，宇文泰推出了酝酿已久的八柱国和府兵制度。

　　他借鉴鲜卑八部之制，根据战场上的贡献，确定了西魏武装力量的八个柱国大将军。宇文泰是八柱国之一，同时也是全军的实际统帅。

除了一位挂名的皇族，其余六柱国正合周礼的"治六军"之意，他们每位各督两个大将军，每个大将军各督两个开府，每个开府各领一军，由此形成了西魏八柱国、十二大将军、二十四开府军的府兵系统。

当时谁也不会料到，这些跟随宇文泰一路拼杀的悍勇的柱国大将军，会深刻改变中国历史的走向，在他们的家族中，将诞生四个朝代；数十年后，他们的后人，将缔造中国历史上再次大一统的帝国。

通过环环相扣的顶层设计，宇文泰将精锐武装部队控制在自己手中。而北魏孝文帝拓跋宏留下的胡汉融合的火种，也被宇文泰再次点燃。

在关陇集团中，汉人统帅完全依靠自身实力，和鲜卑人一起建立军功。为了在军队中保持平衡，维护鲜卑人的感受，宇文泰在形式上保留了大量鲜卑元素，采取鲜卑与汉人官兵混合编组的策略，让他们共同征战，并且鼓励他们相互联姻。

宇文泰推出的府兵制度规定：百姓平时务农，农闲时练兵，战时可征召为军。被统领的府兵，都以他们主将的鲜卑姓作为自己的姓氏。

为了避免姓氏差异导致内部不和，宇文泰给军中统兵赐鲜卑姓。如杨坚的父亲杨忠，被赐姓普六茹氏；李渊的祖父李虎，被赐姓大野氏。

就这样，你中有我，我中有你。民族隔阂、地域界限，渐渐消融于无形。

无论是在土地上耕作，还是在战场上拼杀，他们都融为一个整体，彼此之间产生了一种类似血缘纽带般的联结。这样一个整体的战斗力和凝聚力，是不容忽视的。

西魏时期的这一次融合，似乎是在不知不觉中完成的。

北魏孝文帝拓跋宏曾经迁都洛阳，从服装、语言到体制，全面推行汉化。

当年驻守北魏六镇的军人中不乏汉人，却因久居北方而胡化。

在漫长的岁月里，如此这般，由胡化汉，由汉化胡，曾反复出现过多次，最终逐渐形成了复杂而深刻的交融。

就在同一时间，东魏朝野依然弥漫着浓重的大鲜卑主义气氛，掌权的汉人丞相高欢，已经彻底鲜卑化了。

而鲜卑丞相宇文泰，却通过制度性安排，让西魏展现出一派胡汉融合、勠力同心的盎然生机。他深知：自孝文帝拓跋宏改革之后，历史的大趋势下，汉化已经成为不可阻挡的主流。

变革已经起步。

仅仅在三朝鼎立的局面里获得喘息的机会，并不是宇文泰的目标。他也知道，想反败为胜，他需要让西魏更加强大。而只有正确的道路，才能把他带往想去的目标。

用什么样的国家制度和意识形态来管理政权，才能走上那条正确的道路呢？

时间过得很快，转眼又一个春天降临关陇。脱去冬装的宇文泰，抽空与几个大臣一起，前往长安城外的昆明池观鱼。

宇文泰看到一座汉代仓库的遗址，年深日久，石条砌筑的地基上泛着青苔。这触动了他的怀古之情，他很想了解一下这座老仓库的历史。

众大臣面面相觑，无从应答。

一个大臣提醒说，苏绰应该知道。

这是苏绰和宇文泰的第一次正面相遇，他们的命运轨迹终于重合。

四月的长安，草长莺飞，万物葱茏。这是公元538年的春天。这一年，宇文泰32岁，苏绰41岁。就这样，从一座旧仓库开始，两人的话题越来越深入。

宇文泰迫切希望的，是脱离南梁、东魏所承续的文化传统，削除南朝秉承的中原政治对北朝政权的优势挤压，跳出文化体系孰正孰伪的制约，从而真正确立西魏自身的立国之本。

这一次，他们要向遥远的周王朝致敬。这就意味着，立足关陇的姬周旧土，借助苏绰等关中经学世家之力，在南梁、东魏之外，建立一套以《周礼》为核心的礼制文化系统，把它作为西魏立国的文化根本。

苏绰带着他博闻强记的学识和无比清晰的头脑，及时地出现了。他为宇文泰提供了实施大计最为重要的理论依据。

有了苏绰的助力辅佐，宇文泰下定决心，准备改革政治。这是一件正确但困

难的大事，他需要坚定而得力的同行者。

苏绰被任命为大行台左丞，参与决定机密要事。宇文泰相信，苏绰就是他一直在期待的人。

苏绰知道，他同时遇到了两样珍贵的事：知己和梦想。

两个内心满怀激情的人，开始了他们极为清醒和理性的行动。

在苏绰的论证支持下，宇文泰首先启动了中央政府的官制改革。撤销原来尚书、中书、门下三省并立的组织，仿《周礼》建立六官。

天官宇文泰为太师、大冢宰，掌握全国军政大权，辅佐天子，统帅百官。地官李弼为太傅、大司徒，负责财政和户籍管理。春官赵贵为太保、大宗伯，负责教育、文化和外交。夏官独孤信为大司马，负责军事和国防。秋官于谨为大司寇，负责司法。冬官侯莫陈崇为大司空，负责农业和百工。

除去官制外，朝仪、车服器用等方面，也多依照古礼进行了一番改革。

宇文泰和苏绰托古改制的深层原因是：在中国历史上，其他民族即便在汉人居住区建立起王朝，但在汉人看来，这个政权仍然是非正统的。这是一种根深蒂固的社会心理。

宇文泰要做的，是顺势而为，就是在制度汉化的过程中，强化中央权力。

他致力于从遥远的古代去寻找正统的依据。因为，崇尚历史、向往和赞美周王朝的礼乐制度，同样也是汉人的社会心理特征。

鲜卑人宇文泰对这些都了然于心。所以，他要依托苏绰深厚的儒家文化底蕴，给西魏政权穿上一件正统的周礼外衣。它将越过汉魏、西晋一脉的传承路径，直接连接中国文化的源头。

这是宇文泰和关陇军事贵族集团提升自身文化地位的一个标志，也是一面鼓舞社会人心的旗帜。这面旗帜，将给天下树立一个新的标志。

历史不可再现，但宇文泰希望人们相信：宇文氏要做的，就是复活过去的美好时代。

公元541年，元旦刚刚过去。西魏各地官员都接到一份宇文泰下发的官方文书。

经过二人反复讨论，由苏绰起草的这份诏书，核心只有六条，人们习惯称之为"六条诏书"。

第一条："先治心"，要求执政者首先要内心端正，以身作则，心如清水，形如白玉。

第二条："敦教化"，在全社会推广道德教育，移风易俗。

第三条："尽地利"，劝课农桑，发展农业生产，不破坏农耕时间，奖勤罚懒。

第四条："擢贤良"，不受门第限制，广泛选拔优秀人才。

第五条："恤狱讼"，要求公正审判案件，以德为先，再施严刑峻法。

第六条："均赋役"，平均赋税徭役，缩小贫富差距。

《六条诏书》涵盖了与社会治理相关的诸多重要事项，政令清明的新风迎面而来。

苏绰在官场工作时观察到，时局动荡至今，其中一个严重的问题是，中央朝廷正在失去权威，各级官员缺乏责任担当。

尤其在西晋之后，门阀贵族控制上升通道，官员的门第，比才能和贡献更重要，忠于职守，反而变得迂腐可笑。

北魏政权当年的衰落，也与迁都洛阳后的腐败和虚夸有关。

幸运的是，中原战乱时，许多儒学大家陆续迁入关陇地区。他们的门第不如南渡贵族那么高，反而没有浸染那些浮华之气，一直坚守着儒家的风骨与气质。而结合了中原和西域文化的五凉文化，自北魏时起，就给了这片土地独特的精神滋养。

加上从平民中新擢选的一批人才，苏绰看到了令他欢欣鼓舞的希望。在旧习根基较弱的关陇，完全可以培育并展现出全新的精神气象来。

苏绰拟定的《六条诏书》，以儒家学说为根本，结合了各家学派的主张，并综合了历代经验和西魏的现实，简明易行，成为指导和约束全体官员行为的准则。

苏绰用朴素恳切的文字，对每一条诏令都做了详尽平实的解释。

宇文泰特别下令，所有官员必须反复诵读、铭记于心，各地主政者，如果不能背诵和理解，就不能授予官职。他自己也常常把《六条诏书》作为座右铭。

宇文泰和苏绰还在京师长安筹备开设了国子学，拜儒学大师为国子祭酒，通过学校教育，培养大批具有儒家思想观念的人才，为政权运作储备栋梁。

晋末以来，文章浮靡华丽，蔚然成风。关陇地区文风本来古拙，但也颇受冲击。宇文泰对此深恶痛绝，始终想要治理这一弊病。

于是，他请苏绰根据先秦典籍《尚书》中的格式，写了一篇简练流畅的诰文，明确要求众大臣，今后文章必须依照这样的格式，借此在文化领域竖起了关陇本位的大旗。

除弊革新的西魏，以儒家学说作为思想武器，极力去除鲜卑的落后习俗，同时摒弃汉人文化圈中空谈玄理等陈腐风习，执政的官员不一定出口成章、满腹经纶，但一定要经世致用、勇于担当。

自乱世以来，官员们久违的责任感油然而生。西魏朝野，气象日新。

安定了内政的宇文泰，再次面对劲敌东魏。

战争是南北朝时代无法回避的主题。公元543年，东、西魏在邙山大战。西魏军队共损失了六万之众，宇文泰苦心经营的六军几乎全部覆没。

几年里，苏绰已经成为宇文泰的股肱，掌管着全国的财政收支、账簿、仓廪、户籍以及供应军需等事务。

带兵在外征战的宇文泰对苏绰委以重任，没有丝毫猜忌。他不在朝中的时候，就把预先签字的空白纸张交给苏绰，如果有急需处理的政事，苏绰可以根据情况自行决断。

有苏绰执掌政务，宇文泰就有了磐石般可靠的后方。

虽然邙山大战几乎丢了性命，但他毫不怀疑，只要有苏绰在，他就能再战，就能赢到最后。

苏绰是值得托付的。他把国家大事当作自己分内的职责。他和上下官员日

夜讨论政事，事无巨细都了如指掌。尤其可贵的是，他官至高位，却始终为人低调，勤俭朴素。

宇文泰等待着和东魏再次一决高下，他为这一天准备了很久。他要把一个彻底的胜利带给苏绰。

他们都在期待一个新时代的破晓。

宇文泰和苏绰，以彼此毫无保留的信任和激励，完成了制度、文化的创立与整合。他们正在接近曾一起谋划过的未来。

公元546年，东魏高欢率十余万人自邺城出发，直指西魏玉壁。

玉壁城位于今山西稷山县境内，是西魏抵御东魏的前沿重镇。

九月，东魏军包围玉壁，西魏据城固守。高欢用尽心计，攻城50天，损失兵将七万人，仍未攻克，只好撤军，两月后郁郁而终。

这是东西魏之间规模最大的一场战役。自此，原本弱小的西魏，扭转了一直

以来的劣势。这是宇文泰下一个征途的起点。

北方苍穹下，即将影响中国未来格局的新力量正在酝酿勃发。

这一年，宇文泰40岁，苏绰49岁。

苏绰等来了胜利。做完了惊天动地的大事，他安静如初。

此时，关陇集团控制下的西魏，和统一六国前的秦国，战略态势极为相似。他们不仅把控着关中的战略要地，还控制了富庶的蜀地。俯视天下，进退自如。

数十年后，他们将不负众望，成为秦汉大一统帝国的继承者。

但是，曙光初现的公元546年，却又是一个悲伤的年份。这一年，年仅49岁的苏绰，因操劳成疾而离世。

后人称赞苏绰为一代奇才，将他比作春秋战国时期的管仲、商鞅。

从初次相见到去世，苏绰辅佐宇文泰的时间只有八年。八年中，他们以高度一致的理念和几乎完美的合作，联手开启了一个新时代的序幕。

正准备共同平定天下，宇文泰却失去了苏绰。这让他悲从中来。有很多事，他们还没有来得及做。

苏绰将要归葬故乡武功时，宇文泰和公卿们步行送到城外。

宇文泰说道："苏尚书平生做事，他的妻子、孩子、兄弟们有不知道的，我都知道。只有他懂得我的心，我也了解他的志向。"

历史如同人生，总是有无尽的遗憾。但能够遇到一个像苏绰这样的知己和贤才，即便只有八年，也是天赐的幸运，对宇文泰，对中国历史，都是如此。

十年后，公元556年岁末。宇文泰在北巡中忽然患病，不久去世，时年50岁。

自535年西魏建国，丞相宇文泰实际执掌江山二十一年。这是他努力推动胡汉融合、变革强国的全部时间与空间。

和苏绰一样，宇文泰也留下了未能实现的心愿。但他们都在有限的生命里，用尽全力地去梦想，去改变，去相信、相托，奋力一搏。

公元550年，高欢之子高洋废东魏皇帝，自己称帝，建立北齐政权。

557年，宇文泰之子宇文觉接受西魏皇帝"禅让"，建立北周政权。同年，南梁大臣陈霸先逼南梁皇帝萧方智禅位，建立南陈政权。

南北朝300年纷纷扰扰的乱世，逐渐进入尾声。

新的黎明即将到来。

在岁月的年轮上，起自西魏、终于初唐的关陇军事贵族集团，刻下了无法抹去的印记。

他们身上有夏商周的文化基因，有中原人的礼制思想，有匈奴、鲜卑、柔然等民族的血脉；他们入则为相，出则为将，纵横中国达一百余年，衍生出西魏、北周、隋、唐四个朝代。

这在中国历史上是绝无仅有的。而其胡汉杂糅之特点，造就了之后隋、唐两朝兼容并包、放大恢宏的格局。

当年在血雨疆场拼杀出一条生路的武川人未曾想到：刚健进取、血性担当和朴素的儒学传统，在关陇得到融汇和弘扬。

五胡和汉族间的界限，随着时间推移变得模糊。多民族的大融合，为中国注入了新的强劲活力。一个开放包容的世界，已经离他们越来越近。

基业

拾壹

公元 581 年二月十四日。

这天早晨，41 岁的杨坚和他的妻子独孤伽罗，像往常一样焚香礼佛。

他们保持这个习惯已经二十四年了。早春的空气清冷沉静，窗外的草木已竞相吐露枝芽，诸事一如平常。

但对于杨坚和独孤伽罗来说，这无疑是个不同寻常的日子。

时辰到了。

杨坚的亲信们早已在相府门外等候。

今天的事能否顺利进行，此后又是否会有莫测的风云再起，难以预料。

杨坚回头看了一眼独孤伽罗，决然走向皇宫。

相伴多年的发妻，是这个世界上最了解他的人，杨坚知道，自己不必再多说什么。

独孤伽罗十分清楚，无论结果如何，前方都是一条不归路。

而她能做的，就是与杨坚同生共死。

中国 从春秋到盛唐 第一季

几个时辰后。杨坚接受北周静帝禅让，自己称帝。

他取代北周，确立了新的国号：隋。

这个字源于他从父亲那里继承的爵位——随国公。但是杨坚认为，"随"的偏旁中有"走"字，意为不稳定，将其定为国号，语义不吉，于是他弃掉"走"，用了一个新字：隋。

杨坚雄心万丈，立志要超越功名赫赫的父辈，干一番伟大事业。所以，他给新王朝起了第一个年号——开皇。

谁都知道"皇"这个字的特殊性。

无论是国号隋，还是年号开皇，都显然用心深远。

这是一个继往开来的王朝。杨坚要开启一个全新的皇权时代，他完全明白他即将要做的事在中国历史上的意义。

公元581年，便是杨坚的开皇元年。

登基仪式如期举行。

杨坚身边的群臣，大多来自胡汉融治的关陇集团。杨坚和他们的家族，包括妻子独孤伽罗的家族，都有着千丝万缕的联系。

杨坚和这些豪族亲信是同学，是战友，是从小一起长大的玩伴；同时，他们之间也有更为错综复杂的利益关系、姻亲关系。

对于这些跪在杨坚脚下的人来说，他们的心情同样复杂。有欣喜，有期待，也有茫然，错愕，甚至不安，愤怒。曾经的朋友，登上了至尊的皇位，成为被命运选中的唯一的那个人。

战斗拼杀的时间太久了，谁也不知道他们面对的会是怎样的一个新王朝。而杨坚早已为这一天做好一切准备。他对成为天下之主满怀斗志。

他深知自己的力量来自哪里，并因此而对一切未知都毫不畏惧。

所有人都在等待来自宫廷的消息，当然也包括独孤伽罗。

多面球体印，她记得父亲独孤信生前很喜欢这种形制的印章。其中最特别的一枚一共有26个印面，记录着他的多重身份。

他是西魏北周府兵制体系中的八柱国之一，担任过大司马、大都督、荆州刺史，是当时叱咤风云的政治人物。

从小在父亲那里耳濡目染得来的政治经验，早已化为独孤伽罗身上的一部分。

二十四年前，独孤伽罗与杨坚结为夫妻。就在他们婚后不久，独孤信死于政治斗争。家门惊变的巨大阴影下，杨坚对独孤伽罗呵护有加，二人携手走过了那段艰难险恶的日子。

年轻时的杨坚爱好音乐，曾以琵琶作歌二首，起名叫《地厚》《天高》，托言夫妻之义。

　　独孤伽罗渐渐笃定，这个外表温和儒雅、内心坚韧的男人，是她可以依靠终生的。情到浓时，独孤伽罗要求丈夫发誓：他们未来所有子女都必须是二人亲生的。

　　杨坚做出了承诺。那一年，杨坚17岁，独孤伽罗14岁。

如今，他们已经育有五个儿子，最小的儿子杨谅也6岁了。二十四年来，独孤伽罗看着杨坚变得越发隐忍、强大。

他们有着共同的志向和理想，也有可以共享的政治资源。相府中的其他人都在担忧皇宫的情况，只有独孤伽罗，尽管内心忐忑，但志在必得。

几个时辰过去，那个命运般的消息，终于轻描淡写地传到独孤伽罗的耳边：登基大典一切顺利。

独孤伽罗被正式册封为皇后。尽管已经习惯了处变不惊，独孤伽罗还是不免百感交集。她感叹自己的判断果然没有错，杨坚已将皇权掌握在手中。

这个天下，是他们夫妻二人一同打下的，现在，正等着他们一同营造。

这时的他们并不知道，公元581年的这个早春，他们对机会的把握和决断，开启了一个伟大的时代。

这个被命名为"隋"的王朝，接下来所做的一系列抉择，将深刻影响千秋万代。

杨坚和独孤伽罗还来不及细想这些。

现在，他们主要面临两个问题：第一，杨坚还没有树立起足够的皇帝权威；第二，外敌环伺，国家还远远称不上太平。

开皇二年（582）五月，杨坚忽然收到来自边境的消息：突厥沙钵略可汗率领40万大军，朝着整个长城沿线汹涌扑来。

突厥是继匈奴、鲜卑、柔然之后，又一个长期称霸蒙古草原和西域的游牧民族，一直是中原王朝的心头大患。

在此前的南北朝时期，突厥曾与北周和北齐对峙。北周和北齐为压倒对方，争相与突厥联姻结好，输送大量财物。突厥可汗曾得意地说："只要我在南边的

两个儿子都孝顺，我怎么会担心缺东西呢？"

如今，突厥开始成为隋朝北境最大的威胁。

此时隋朝刚刚立国，根基未稳，立即开战看上去并不是一个很好的选择。但对于杨坚来说，成长在以武功起家的北周，打一场真正的胜仗，一直是他心中渴求的。

一旦赢得这一仗，就意味着他将超越关陇集团那些驰骋沙场的前辈，甚至超越那个曾经令所有人都仰视的宇文泰。如此，他作为皇帝的权威就会大大加强。

这是不得不战的时刻，而且他必须取胜。

杨坚部署军队，分道迎击突厥。

中国 从春秋到盛唐 第一季

　　身经百战的隋朝军队士气旺盛，将领指挥得当，连续两次大战都击退了突厥主力。

　　按照常理，这会是一场旷日持久的战争，但杨坚不想等那么久。他知道光靠武力是不够的。

　　沙场之外，杨坚精心安排的外交活动也在同步进行。他幸运地得到了一位名叫长孙晟的外交家。这个人擅长游说，在北周时期，就曾出使突厥。当时，他向沙钵略可汗表演箭法，一支箭射穿了两只正在空中夺食的大雕。这便是"一箭双雕"典故的由来。

　　长孙晟的才学与谈吐，让他很快得到突厥首领的欣赏和信任。长孙晟发现，看似团结的突厥并不是铁板一块，而是分居四面，内怀猜忌，尽管难以力征，但容易离间。

于是，他向杨坚提出"远交而近攻，离强而合弱"的策略。

长孙晟在杨坚面前口述形势，手画山川，对突厥的虚实都了如指掌。杨坚对他赞叹不已，派他再次出使突厥，实施反间计。

在杨坚的谋略和长孙晟的奔走下，突厥被分化瓦解，最终分裂为东、西两部分，从此再无力量与隋朝抗衡。

开皇四年（584），沙钵略可汗向隋朝称臣内附，上书表明："天无二日，土无二王，大隋皇帝，真皇帝也。"

后来，启民可汗也来到长安归降。隋朝解除了北方边境的危机。

在与突厥的战争期间，杨坚并没有穷兵黩武，而是以外交手段和智取为主，最大限度地避免陷入战争泥潭。

杨坚北击突厥，稳定东亚，展现出雍容雅量与亲和的气度，只用了最短的时间就让周边形势安定下来，为隋朝的休养生息，乃至中国后世安稳发展，奠定了牢固基础。

他被骁勇善战的游牧民族尊为"圣人莫缘可汗"，也就是天下共同的圣人可汗，"自天以下，地以上，日月所照"的唯一共主。

杨坚娴熟于武功和文治并举的帝王之道，他心中的格局早已超越先祖。

杨坚出生成长于佛家寺院，是一个虔诚的佛教徒。同样笃信佛教的独孤伽罗始终相伴杨坚左右，形影不离。

杨坚每次临朝，独孤伽罗必与他乘车同去。到了朝阁外，杨坚进殿，她就在偏殿安静等候，同时派宦官进宫了解政情动态并传递朝会信息。

待到杨坚办公结束退朝回内宫的时候，他们就一同返回，设宴休息，相顾欣然。

杨坚与独孤伽罗互为知己，宫中并尊帝后为"二圣"。独孤伽罗的态度很明确，只要杨坚不辜负她，她就会全力辅佐这个男人。一己之私、家族利益，全都可以抛诸脑后。

那是一种近乎决绝的支持。她的表兄大都督崔长仁犯法，按律当斩。杨坚想要赦免他，但被独孤伽罗坚决制止，最终崔长仁被处以死刑。

独孤氏自关陇时期开始，就重权在握，独孤伽罗对权力消长的秘密了然于心。

皇亲国戚坐大，皇权受损，这是夫妻二人都不愿重新看到的局面。于是，独孤伽罗选择虚身推权。

整个隋朝，皇后家如此强大的势力，却始终匿迹于中枢权力之外，保证了中央集权政治的有效运行。

新政权的机构名单颁布了。前朝的官僚制度被废除，取而代之的是一个全新

的官职体系。

这便是三省六部制。内史省负责起草诏令，门下省负责审查复核，尚书省负责操作执行。三家机构相互制衡，谁都不能一家独大。三省之下设置吏、民、礼、兵、刑、工六部，负责处理全国军政、兵刑、钱谷等行政事务，权力被进一步分解下放。

杨坚把亲信们任命为三省六部的长官，但有一个位置却始终空缺，那就是相当于宰相之位的尚书令，只以尚书左右仆射作为实际长官。

在如此精巧的设计下，皇权得到空前加强。

三省六部制，是中国政治体制的一次重大变革，也是一个无比严密和精致的管理体系。虽然，隋朝只制定了这一体制的雏形，但杨坚和独孤伽罗完全有理由为此骄傲，因为在此后的一千多年里，这一体制从根本上被延续下来。

随着新官制的颁行，杨坚又推出了新的律令法规——《开皇律》。

与过往相比，《开皇律》最大的特点便是清晰简洁，它建立的"十恶不赦"原则中，有四项都与君权相关。

用律法保证皇权，既推崇了法，又强化了皇权，杨坚每一个举措都目标明确，直接而高效。

为了更好地推行《开皇律》，确保公正执法，杨坚多次亲自审理案件，亲录囚徒，避免出现冤案。时人称赞他："刑之不滥，君之明也。"

登基不到十年，他的国家内部已经治理得井井有条。

杨坚几乎做对了一个皇帝必须要做的每一件政事。接下来，历史要把一件最重要的大事交付于他，而这几乎已是水到渠成。

此时，曾经政权林立的中国土地上只剩下两个中原王朝，一个是杨坚的隋朝，另一个是长江以南的陈朝。

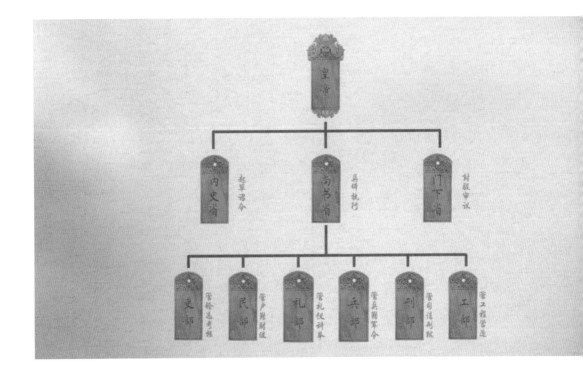

杨坚知道，对比分裂之前的汉帝国版图，他还差半壁江山。

开皇九年的一天，杨坚接待了两个陈朝使者。他们带来了一些南方的讯息。

从他们的言行和举止中，杨坚感受到了南朝人截然不同的精神风貌。他们依然还是那般文雅、风流，但那个王朝的奢靡和腐朽也已是积重难返。当北朝社会一片朝气的时候，南朝上下依旧沉溺在酒色诗文的旧梦里。

两个使者回到南方后，将杨坚的画像交给陈朝国君陈叔宝。陈叔宝看到画像后，大惊失色，连连说道："吾不欲见此人！"命人赶紧将画像拿开。

身处极尽奢华的临春阁，美人环绕的陈叔宝顿时失去了饮酒作乐的兴致。

而此时，杨坚已经决定下诏伐陈。实际上，这场战争的结果，是没有什么悬念的。

公元589年，陈朝灭亡。

一年后，岭南归附。

至此，自东汉崩溃，离乱分裂400年之后，中国得以再次江山一统。此时隋朝的疆域，东起辽河，北抵大漠，西至敦煌，南据交趾。

有人说，魏晋南北朝是中国历史上最动荡混乱的时期，而恰恰是在这个时期，中国完成了南方和北方政治制度的相互借鉴，以及对外来文化的吸收融合，更重要的是，大大增强了不同民族之间的全面交融，奠定了多民族国家的基础。

史上最节约的皇帝杨坚

杨坚一向以节俭著称，他的衣物、车辇都是旧的，破了补好再用。在他的影响下，独孤皇后也很俭朴，以至于杨坚得了痢疾，需要一点胡粉配药，他料想皇后那里肯定有用来化妆的胡粉，结果却一无所获。

曾经的冲突、互斥，演变为和平、理解；曾经水火不容的文化与族群，通过新的血缘和政治纽带，缔结成一个更加开放和包容的整体。

隋朝，正是这个奇迹般的融合所结下的硕果，一个集合了多民族的统一王朝。

杨坚，是中国历史上又一个实现全国统一的帝王。第一次完成这项伟业的人，是秦始皇。

留存着中国文化根本的南朝，和已经大大拓展中国文化外延的北朝，终于整合在一起，中国迎来又一个辉煌时期。

在一统国土的同时，开科考试在各州启动。后人将此视为科举制的开端。

回溯以往历代，政府的人才遴选多以举荐为主，最终演变成了以门第出身作为选人标准。

杨坚创立了新的人才选拔机制——分科取士。他将考试设置为"秀才"和"明经"等科目，秀才试方略，明经试经术。各地选派的考生称为贡士，聚集在京师参加会考。贡举及第后，再参加吏部的铨选考试，合格后才可授官。

分科取士的办法，在当时虽是草创，但它已经开始有意识地把读书、应考和做官三者紧密结合起来，并把儒家经典作为重要的考核内容。

这种前所未有的官吏选拔方式，打破了过去豪门士族对官僚体系的垄断，从而进一步维护了中央集权制的稳固。

科举考试为成千上万的寒门士人开辟了一条改变命运的康庄大道。

这一初创的制度还需要后世的不断完善。但毫无疑问，它和隋帝国创立的三省六部制一样，是中国政治制度史上划时代的发明。

前者奠定了后续一千多年的政治权力结构，后者创造了后续一千多年的官员选拔体系。

光阴轮转。

在东汉之后400年的分裂中，有无数豪杰志士，都胸怀着统一中国的梦想，杨坚最终成为历史选择的这一个人。

他一定很熟悉秦始皇的故事，那位结束了春秋战国五百多年分裂的始皇帝。不管是有心为之还是无心之举，杨坚施行的许多政令，都与秦始皇形成耐人寻味的对照。

他大刀阔斧，大幅压缩地方行政体系，在秦朝所创郡县制的基础上，改州、郡、县三级制，为州、县二级制，大大节约了行政成本，提升了管控效率。

在抵抗突厥入侵的同时，杨坚组织百姓，先后在北魏、北齐长城东段，朔方、灵武一带，或修缮、或连接、或增建长城，西至黄河，东至绥州。而这些工程，大多数是在秦汉长城的基础上进行的。

比秦始皇幸运的是，杨坚的帝国在短短十几年里迅速变得富庶起来。

他继续推行北魏时期创立的均田制，让农民获得更多的土地。他还整顿户籍，增加政府的税赋收入，健全仓廪制度，稳定经济秩序。

隋朝建立之初，有人口559万户。到了开皇九年（589），这个数字达到750万。开皇末期，人口更达到870万户。

开皇十二年（592），负责财政的大臣向杨坚报告，称国库粮食太多了，都堆积在过道里。接着，开皇十三年（593），又有官吏向杨坚汇报，国库里已经堆满布帛，再没法往里面放了，请求解决仓库问题。

这等盛况，此前只在西汉鼎盛时期出现过，然而汉朝用了数十年时间和几代人的努力，才达到如此局面，但杨坚只用十余年就做到了。

秦始皇终其一生，也未能建完他心目中的天下第一宫——阿房宫，而杨坚仅仅用十个月，就建成了规模史无前例的大兴城。

杨坚登基的第二年，以长安城"凋残日久"为由，下令在汉长安城的东南，即今天的西安龙首原的南面，建立一座新的都城。

杨坚早年曾被封为大兴公，所以新国都被命名为"大兴城"。

大兴城规模惊人，它是汉长安城的2.4倍，比同时期的拜占庭帝国首都君士坦丁堡大7倍。

它标志着当时中国所能达到的经济实力和技术水平。它的设计理念，不但对中国后世，而且对日本、朝鲜的都市建设都产生了深刻影响。

灭陈朝之后，杨坚把陈叔宝带到了长安。

尽管沦为阶下囚，陈叔宝还是得到了杨坚的宽待。

有一天，杨坚邀请他一起登上洛阳的邙山。陈叔宝望着站在山巅的杨坚，当场作诗一首：日月光天德，山河壮帝居；太平无以报，愿上东封书。

陈叔宝对杨坚说："陛下，您缔造了这样的太平盛世，应该去泰山封禅了呀！"

东封泰山，也正是秦始皇的伟业。

连前朝旧主都盛赞自己的功业，杨坚有理由相信，自己已经开创了一个泽被众生的光辉盛世。

杨坚是个心怀宏大使命感的人。他勤奋，自律，渴望留名青史。

此时的隋帝国，户口滋盛，中外仓库，无不盈积。

杨坚春秋正盛，他夜以继日要做的，就是让伟大的时代绵延万年。

然而，就在隋帝国方兴日盛之际，公元600年深秋，杨坚突然作出了一个令众人瞠目结舌的决定——他将寄予厚望的太子杨勇废为庶人。

杨坚还一反常态，亲自廷杖让他不满的大臣。

这让所有人都感到不可思议。史书记载，这一年的十一月，地震，京城大风雪。

事态日渐变得严冬般冷峻。突如其来的变故还未被完全接受，新的意外接踵而至。

一年后，公元601年，杨坚统治隋帝国的第二十一年，他将年号由开皇改为仁寿。开皇和仁寿，两个年号是如此天差地别，杨坚似乎正在疏远曾经的万丈雄心。

同年六月十三日，杨坚又突然下发一道书书：只在中央最高学府国子学保留70名学生，其余学校一律废除。

而兴办学校，却是杨坚早年极力主导的。他用一纸诏令中断了众多读书人的求学之路，也否定了自己曾经的远见卓识。

就在颁布诏书的同一天，杨坚还下达了一道诏令：给各州颁发舍利。

61岁的杨坚举行了一场隆重的法会，将30份佛祖舍利装入金瓶，再套上琉璃瓶，用名贵的熏陆香作泥封。选择30名高僧，每人配以两名侍者，一个官吏，带上120斤香，到30个州府的寺院奉送佛祖舍利。

此时杨坚的心境，似乎已经发生了很大变化，他不再是那个踌躇满志、寻求开皇伟业的杨坚了。

他时常想起在寺院长大的日子，那些悠长的岁月能带给他许多安全感。他知道自己能依靠的，除了从小笃信的佛法，就只有独孤伽罗。独孤伽罗也长期听入宫僧尼讲经说法，向僧人和寺院布施大量财物，与杨坚共造连基佛塔，供奉舍利。

然而，有独孤伽罗相依的日子也所剩无几了。

杨坚只能选择彻底投入佛教的怀抱，希望度脱众生的佛法，也能抚慰他脆弱如薄纸的精神。

一年后，陪伴了杨坚四十五年的妻子独孤伽罗去世。

对于杨坚来说，过去三年是黑暗的。他的人生在最鼎盛时，急转直下。没有人知道，究竟是什么让他产生如此大的巨变。

人们只知道，他亲手册立的太子杨勇和次子杨广发生了内斗。

这是杨坚和独孤伽罗最不愿意看到的。他们一起开拓了恢宏的基业，一起养育了五个儿子和五个女儿，家族和帝国，本该都有更好的未来。

杨坚想念那些年轻的、创业的日子。隋帝国的一切盛景，都是他与独孤伽罗携手创造的。彼此的尊重、欣赏、志同道合，让他们无比强大。他们毫无保留地向对方交付真心，许下承诺，并用一生时间去践行。

在中国历代帝后当中，杨坚和独孤伽罗是绝无仅有的一对，他们是生死与共的战友，是情投意合的夫妻，是砥砺相助的知己。他们之间，有信、有恩、有义，更有罕见的爱。

独孤伽罗的提前离开，未必不是一种幸运。只是留下了杨坚一人，独自面对冷寂的终点。

没有了独孤伽罗的杨坚，仿佛失去了灵魂。从公元601年到604年，杨坚先后三次派高僧和官员，分派舍利到各州府，在111座寺院中建立石塔，将佛舍利安葬其中。这或许给了他人生最后的安慰。

独孤伽罗去世两年后，64岁的杨坚去世。

杨坚所开创的盛世，就像烟花一

样，骤然升起，无比绚烂，却又很快如烟消散。如果他知道身后发生的事，或许会死不瞑目。

继承人杨广，只将隋帝国延续了十四年。他大兴工程，修筑殿堂宫苑，滥用民力，多次兵伐征讨。

杨广的野心，耗尽了帝国的命数，也为自己招来后世无数骂名。

杨坚或许从未想过，他与秦始皇，竟有如此相似的终局。

取代杨广的，是一个同样出自关陇集团、融合了胡汉血统的人，他的母亲是独孤伽罗的亲姐姐，他的名字叫李渊。

隋帝国仅仅存在了三十八年。这是一个短促而华丽的巅峰，也是一个伟大时代的序曲。

它的创造者杨坚，以及他最亲密的伴侣独孤伽罗，在中国历史上留下了一道华彩。隋王朝之后，唐帝国扑面而来，逸兴遄飞的雍容气度即将漫天展开。

盛世

拾貳

阿倍仲麻吕的家人忽然出现在码头上。

怎么连去世多年的爷爷也在朝他挥手？

许多大船在暗夜中疾驰而过。

去大唐，去长安，去看世界上最富庶、最繁华的地方，是他的最大心愿。

见识各种模样打扮的人，那些写出灿烂诗文的人。

满天星星和好看的飞天舞女，奇幻、眩晕、恐惧、焦虑……

隆隆的鼓声由远及近，阿倍仲麻吕渐渐醒来。

他知道，自己又梦见家乡和前往大唐的颠簸旅途了。

此时，长安正在五更的晨鼓中苏醒。

伴着三千鼓声，宫城、皇城和108坊的大门次第开启。

前去早朝的官员正在赶往皇宫。

沿街的早点铺里，烛光闪耀，炊烟升腾。

天渐渐亮了。

这一年，阿倍仲麻吕28岁。

他在长安已经驻留了整整十年。

但此刻的他，来不及感伤怀想。

长安城里的曦光勾勒出鸿胪寺的飞檐曲线，生动漂亮。这里是接待前来大唐访问的各国使者的。

时辰不早了。阿倍仲麻吕飞快地起床，洗漱，戴上一个精致的护身符。

他已经吩咐自己的随从不必早起陪在前后，这样会让他分心。

他独自向鸿胪寺大门外走去。今天，他要参加唐帝国一年一度科举考试进士科的最后一门、也是最难的一门。

能一路挺进进士科考试的人凤毛麟角，这可是唐帝国科举万众瞩目的宝塔尖啊。

公元717年春天，出身日本奈良名门望族的阿倍仲麻吕，因学识出色，被选拔为前往中国的留学生。

当时日本遣唐使的航线，大致分为南北两路。

因海上凶险，航海技术还不发达，遣唐使的每次出访都是生死考验，船毁人

亡的事件屡屡发生。

但年轻的阿倍仲麻吕不怕，而且，他们使团的四艘船都非常幸运，从日本港口一路惊涛骇浪渡过大洋，靠泊在宁波码头上。

之后，这支557人的使团辗转来到长安。

阿倍仲麻吕他们是唐帝国迎来的第九支日本遣唐使团。

彼时正值唐玄宗在位的开元初年，盛唐的景象深深震撼了这批雄心勃勃的年轻人。阿倍仲麻吕决定，留下来深入学习唐朝文化。

阿倍仲麻吕很快被安排到当时的"国立大学"——国子监太学学习。他在这里潜心攻读《礼记》《周礼》《仪礼》《诗经》《左传》等儒学经典。

春去秋来，不知不觉中，他在长安读书的日子过去了十年。他的聪颖与对中国文化的理解力，一直是国子监众多学生中的佼佼者。

渐渐地，他生出一个执念，希望和中国儒生一样，报名参加国家举办的科举

考试。

唐帝国的答复格外大度，外国人可以和中国学生一起读书，那就应该一视同仁，也可以参加帝国的科举考试。

于是，阿倍仲麻吕一路过关斩将，终于咬牙考到了进士科的最后一场——时务策。

距长安2000公里的敦煌郡，太阳已经升起，照耀着这座西部的繁华城市。

风沙无法掩盖敦煌的奇异色彩。这里的阳光更加炽烈，这里的人也更加明丽，率真。

李巧儿梳洗完毕，神色间有些飘忽的忧伤。她穿过堂屋，蹑手蹑脚来到丈夫翟生睡觉的房间。

她静静地注视着眼前正在熟睡的丈夫——她已经很久没有这样做了。

他们都是敦煌本地人，祖先都是从遥远的中原先后迁居而来。李家几代人都履职于戍边卫国，丈夫家则是世家大族，翟姓，在当地深孚众望。

但婚后的日子过得越来越索然乏味。于是李巧儿说，我们分开吧。

丈夫有点吃惊。他知道，妻子这样说的意思就是，要离婚了。他有一瞬间感到绝望，但很快就想通了，人各有志，不可强求。

这就是唐帝国，中国历史上最豪迈、也最豁达的日子，对于婚姻，同样少了许多清规戒律。合得来，两情相悦，就在一起；合不来，渐生间隙，那就一别两宽，往前看。

自由与宽容像风一样，轻松，舒适而美好。

日上三竿，西市沿街商铺陆续开张，长安城逐渐充满世俗的活泼。

在公元8世纪，长安城中的西市是全球商品的集散地。

高鼻深目的米福山来到他的商铺时，看到伙计们正在麻利地卸下临街的门

板，准备营业了。

米福山是个气场十足的商人，在长安城里的商业街区名声不小。只要一看到他的模样就知道，他是个粟特商人。

粟特人原本是生活在中亚阿姆河与锡尔河一带的古老民族，从中国东汉时期开始，就往来活跃在贸易大通道——丝绸之路上。

他们富于冒险精神，一直是东西方贸易交流的重要担当者。

他们兴商贩易，在运输商品的道路沿线建立了一系列的商业聚落。

他们给中国带来了珠宝、香料、药材、金银器，也带来了音乐、舞蹈等艺术，还传播了各种宗教信仰，同时，他们也把中国的丝绸，瓷器和茶叶贩卖到西域各国。

粟特人的传统习俗是，所有年满20岁的男子都不可以待在家里，必须出去学习经商。他们大多数都会前往长安历练身手。

他们勤奋、努力、脑筋灵活、随机应变，诚实而聪明地积攒着财富。

之所以这样做，就是为了能长久生活在这个自由而开放的国度。因为这个帝国允许所有外商在各处买地建房,立店经营。

米福山与妻子都是粟特人的后代，他们已经成了长安居民，选择在城中两大市场东市和西市之一的西市做生意，为这个城市的商业繁荣贡献了自己的努力。

今天是个值得期待的日子，米福山一手组织协调的西亚商队，按照计划就要到达长安了。

他喊来两个精干的伙计，要他们出城，在商队的来路上打探。

春天已经在路上。

来往的商队总是载满了金钱和欲望。

公元8世纪，世界充满变动不安的气息。

拜占庭帝国内乱不止；法兰克王国在扩张与战争中达到鼎盛；中东沙漠中的阿拉伯骑兵狂飙突进，展开新一轮征服世界的战争。

东亚大陆上，唐朝正运行在欣欣向荣的开元十四年。

据帝国户部统计："今岁户七百六万九千五百六十五，口四千一百四十一万九千七百一十二。"

李巧儿原本计划上午就带着丈夫，去和自己的父母商议离婚事项。但敦煌郡太守派来的差人突然找上门，一件当地农民与戍守部队发生纠纷的突发事件，要

求她丈夫前去调查和调解。

翟生是当地的治安官，他不能不去。倒是李巧儿通情达理，说你去吧，公务要紧。

翟生离开后，李巧儿也骑马出了门。初春的风还带着寒意，她飒丽的样子非常动人。

在唐帝国的西部，这样的风情总是不经意地流淌。

正午时分，李巧儿独自一人来到热闹的城里，她进了一家熟悉的店铺，老板娘是她的多年好友，一个波斯后裔。

李巧儿告诉好友，她要离婚了。好友有些惊讶，但并没有反对。

那个时代的宽容与通达超乎后人想象。《唐律·户婚》中，专门有协议离婚的条款，也就是男女双方自愿离婚，被定义为"和离"："若夫妻不相安谐而和离者，不坐。"

而提出离婚者不只是夫方，妻方提出离婚的也时时可见。女方再嫁不为失节，唐代妇女也不以屡嫁为耻。帝国的众多公主中，再嫁的就不在少数。

李巧儿她们坐在店铺里，看着街上人来人往的景象。

身披袈裟的西域梵僧，匠人，马戏团的，放假出游的，戍守边疆的职业军官和他们的女人，驮着丝绸绢匹的驼队，小商小贩，本地人，外地人，买东西的，闲逛的。

这和李唐政权深受胡风影响有关，唐帝国的皇室源自关陇军事集团，有胡人血统，多民族的交汇与融合，使得人们天然地对各种事物都保有接纳的胸怀，在婚姻上也是如此，开放并且开明。

在这样的时代与社会风气下，唐代妇女积极参与社会各个层面的活动，不少妇女活跃在农业、手工业、商业等生产领域，她们不仅为国家创造财富，也使自己和家庭获得了可观的收益。

午饭过后，好友骑上一匹马，与李巧儿一起缓缓而行，她觉得自己应该陪她走走。

李巧儿希望开个有个性的酒庄，或者很有品位的邸店，同时创办一个制作工艺品的小作坊。她有许多好的创意和构思，希望说服自己的好友能够加入。

此时，一个年轻的山西诗人与她们擦肩而过。

他叫王昌龄。正值27岁的盛年，带着一身诗意和豪情，感受着西部的壮阔不羁。在唐帝国璀璨的文学星空中，他是独特而闪亮的一颗。

开元年间，气象万千，火热的年代像磁石一样紧紧吸引着他。

那也是一个诗歌的盛世。王昌龄先后结识了李白、岑参、高适、王之涣、王维、孟浩然等人，他们曾一起和诗对酒，逍遥游历。那些交往深厚的诗友们才华横溢，留下了无数广为流传的佳句。

只有诗歌，才配得上大唐的飞扬。

王昌龄豁达豪放，尤其擅长七绝。由于在首都没有找到施展才华的空间，于是他投笔从戎，西出长安，踏上了前往辽阔西部的军旅生涯。

中国西部的风景令人震撼，他有感而发，当即创作了一首诗。

这首诗的名字叫《出塞》："秦时明月汉时关，万里长征人未还。但使龙城飞将在，不教胡马度阴山。"

诗中这28个汉字的组合，充盈着青春朝气和历史感触，更充满了英雄史诗般的梦想。

在那些浪漫的年月，大唐的广袤土地上，许多个诗人正在行走，书写着为后世永久传颂的不朽诗篇。

米福山和妻子维耶维斯的相识，也充满浪漫的传奇。

许多年以前，他们相识于一次运货的旅途中。米福山要跟随着运输队向西。一队来自撒马尔罕的商队准备东去长安，商队中一位女子令米福山怦然心动，一见钟情。他决定放弃既定的商旅，随着同族的另一队返回长安。

后来两支商队同行，他知道了她的名字，维耶维斯。

一路上他们相谈甚欢，感情渐浓。等到抵达长安的时候，他们就按照粟特人的婚俗举办了婚礼。

从此，他们相亲相爱，落脚大唐，开始了自己的打拼。

午后是客人们最爱光临的时间。

一群漂亮的女子涌进米福山的货栈，热火朝天，一片欢笑。她们当中，有会跳胡旋舞的西域舞女，有善弹琵琶的歌伎，也有手执团扇的小姐贵妇。

长安西市里粟特人的店铺，货物新奇别致，特别受到顾客的青睐。所以，粟特人长时间左右着长安城里的时尚潮流。

美丽新潮的女子身后，总少不了拈花而来的追随者，他们是长安街头银鞍白马的少年。

这些年轻人让米福山和维耶维斯晃了晃神。他们默契地想到，自己也曾有过难忘的青春岁月。

而这番情景，在长安是很常见的。

米福山的货栈在西市名气很大，特别是他们出售用最好的丝绸制作的优雅服

装，还有来自西域的黄金首饰与翠玉珠宝。

米家素以善识珠宝而出名，他们与波斯及回纥商一起，组成了一个松散的联盟，不仅把生意做进了皇宫，还向都城的贵族子弟、商人及其他有窘况者、资金短缺者发放贷款。

阿倍的考试从早上一直持续到了下午。

最后一场考试，是大唐最顶尖的学生们在一起，用策论决出各自的前途，气氛自然非同寻常。

阿倍仲麻吕很淡定，他思维缜密，充分融合了这么多年在日本与中国学习思考的心得，对天下大政有清醒的认识，又对唐朝的风土人情、民生大事、仪式盛典、时事政策了然于胸，并有独到见解。

如果考试顺利，阿倍仲麻吕在大唐的生活或许会有新的变化，他已经给自己取了一个中文名字：晁衡。

唐朝与数十个国家和地区有过正式交往。它广泛接纳来自世界各地的游学者，大胆擢用客居长安的外国能人，造就了一个云蒸霞蔚的唐帝国文化圈。

令人窒息的考试结束了。所有人都能看出来，这个日本来的留学生考得轻松自如，想必会受到朝廷的重用。

晁衡，也就是阿倍仲麻吕，被人们簇拥着走出考场。大家争相向他道喜，热情邀请他一起喝酒庆祝。

但阿倍仲麻吕彬彬有礼地婉言谢绝了，因为有人在等他。

在这样的太平盛世里，最容易滋养的，就是锦绣文章和才子佳人的故事。那些敏感而丰富的心灵，坦荡地流露出各自的性情，享受着历史天空下罕有的明媚春光。

申时，伙计来报，西域商队已经从开远门进城了。

米福山和妻子维耶维斯闻声跑出货栈。

那是一个由两百余人、数百只骆驼组成的超级庞大商队。米家等的货物就在这支驼队中，虽然只是其中一小部分，但都是高货值的。

这就是财富啊！米福山的心脏怦怦直跳。

在强大的唐帝国，物资流转已经十分发达。国家安定，国力富足，以首都长安为中心，不仅有向西的陆上丝绸之路，还有向东和向南的陆路与海路通道，被后人称为海上丝绸之路的航线已通行多时。

东路跨海，唐和日本往来交通，人员和商货交流不绝，日本全面接受大唐文化，也将日本文化相当程度地连接于中国的文化圈内。

南向沿着南海岛屿和马来半岛，进入印度洋，既可以和阿拉伯世界相连，也可以直达红海，甚至远及非洲沿岸。

广州、泉州、扬州，都曾经有不少胡贾经商，帝国政府明令鼓励外商来华并保护外商合法权益。

唐朝还在各大口岸开设税关，商品一经纳税登记，不但可以畅行全国，而且能享受到损失保险。

外贸税收是大唐国库一项重要财源。镇守西域的军政机关和部队，甚至可以仰赖商税再加上军垦屯粮而自足。

米福山的货栈今天真是忙碌得异乎寻常。波斯人、回纥人、阿拉伯人和粟特人进进出出，忙着采购。

远道而来的驼队卸货清点完毕后，米福山又接收了一批从南方运来的上等丝绸，都是蜚声四海的商品，产自扬州、益州的好货。

没出什么差错，所有人都如释重负。

就这样，终于收工了。

物质的富足，巩固了精神的富足，唐帝国的状态松弛而平和。

天际开始显露出第一道迷人的晚霞，这是米福山夫妇一天当中难得的平静时刻。

他们坐下来，喝了一杯从撒马尔罕运来的葡萄酒。

酒还是熟悉的味道，彼此脸上的皱纹却又多了些。他们相顾无言，胸中被微小的惆怅和幸福环绕。

李巧儿和好友一起用过下午的茶点，正要走的时候，发现她的丈夫翟生正朝她走来。

看见妻子，翟生露出了惯有的笑容。他说，我就知道你在这儿，愿不愿陪我去趟莫高窟？

李巧儿问什么事？

翟生说，家族的家窟需要维修，我要过去安排一下。

李巧儿没有什么理由不同意。

于是他们骑了两匹快马朝莫高窟驰去。

公元344年，一个僧人途经宕泉河谷时，开凿了第一个石窟，供奉佛祖。渐渐地，敦煌的各级官吏、世家大族、高僧大德，也在这里营建属于他们自己的

功德窟。

公元642年，敦煌郡司仓参军翟通出资筹建翟家窟。历经二十多年，这座佛窟终于落成。

这段历史，李巧儿已经听丈夫说过很多遍。

她知道，主持佛窟营建的，是翟氏家族在敦煌大云寺出家的僧人道弘，受道弘委托，从长安来的李工负责绘制了这些壁画。

他们在莫高窟处理完事情的时候，西斜的太阳照耀在山川河谷上，美得惊人。

这是他们一起看过无数遍的夕阳和天空。

李巧儿想哭。

傍晚时分，阿倍仲麻吕回到客馆。

已经等候多时的随从，奉上来自故乡奈良的家信。

信是父亲写来的。

信中说，我和你母亲岁数大了，思儿心切，你是家中长子，希望你早日结束漂泊回国，更希望你早日成家。

白居易爱喝牛奶粥

唐朝时，乳制品已经很盛行，诗歌中常能看到它们的身影。诗人白居易人生的一大快事，就是大冬天起床后用牛奶煮一碗粥。

他曾留下这样的诗句："融雪煎香茗，调酥煮乳糜。慵馋还自哂，快活亦谁知。"

读着信，阿倍的心情变得有些沉重，思念亲人的情绪让他有些伤怀。

起风了，天空中的云层正在堆积。

暮色中，李巧儿和翟生从翟家窟回家时，刚好李巧儿的父母也赶到他们家。

一份《放妻书》已经拟好：

谨立放妻书一道。盖说夫妇之缘，恩深义重，论谈共被之因，结誓幽远。

凡为夫妇之因，前世三生结缘，始配今生夫妇，若结缘不合，比是怨家，故来相对。

妻则一言数口，夫则反目生嫌，似猫鼠相憎，如狼犬一处。

既以二心不同，难归一意，快会及诸亲，各迁本道。

愿娘子相离之后，重梳婵鬓，美扫蛾眉，巧逞窈窕之姿，选聘高官之主。

解怨释结，更莫相憎。一别两宽，各生欢喜。

他们很快把离婚的细节商量妥当。

双方都如释重负。

从家中出来时，已是晚风微凉，仿佛送行的一曲弦音。

李巧儿问翟生：都办好了？

翟生回答：办好了。

李巧儿起身离开。

一千三百多年后，人们在敦煌莫高窟的藏经洞中，发掘出多份唐代的《放妻书》，无不惊叹于那个时代人与人之间的平等，惊叹于整个社会文化和风气

的包容，百余字文书，透露出一个伟大时代的开阔胸襟。

令后世无比仰望而叹惋的盛唐气象，留在了敦煌用洞窟和壁画凝固的时空里，也留在每一个小人物自信的身姿里。

一天结束了。零零星星的雨滴带来了湿润的春意。

长安城每天的宵禁，并没有禁止坊内的欢乐。城中的富豪王元宝有个习惯，每逢吉日就请人来家里吃饭，不论相识还是不相识的，不论士人还是商人，他都会尽心招待。

这天夜里，主人很殷勤，有的是好酒和美味佳肴，还有长安最好的歌与舞。

这是只属于唐的身段和灵动飘逸。在这个盛大华丽的宴会上，每个人都开怀畅饮，每个开怀畅饮的人，都有自己的传奇故事。

歌舞场里，好戏刚刚开始，筚篥、琵琶、排箫的合奏乐音，在夜空回响。

美酒刺激了人们的头脑和思维，大家不停讲话，随口作诗。

善說夫婦之緣目□東義重論後步被之曰結誓婚遠尤為

夫婦之曰前世三年結緣始配今生夫婦若結緣不合此

是恐家故來相對妻則一壹廿口夫則取木生嫌似猫鼠

相憎如狼狄一慶既此心不同雖歸一意快會及諸親客

還不道義妻娘二相離之後重梳蟬鬢美掃娥媚呈遅

勤寵之姿選妙當官之主聘怨輝結更莫相憎一別兩

寬各生歡喜千眭有則□謹立手書

真挚，率性，夸张，任性，驰骋，清扬，侃侃而谈，无拘无束。

包容的，宽容的，雍容的，蓬勃的，饱满的、自信的，豪放的，友善的，明朗的，神闲气定的，乐观充沛的，纵情高歌的，意气飞扬的……

如太阳般丰富明媚，如星空般璀璨闪耀，欲望和梦想在盛宴的空气中穿梭飞舞。

毫无疑问，唐，有着无边无际的想象力。

历史积蓄了千年的力量被点燃，照彻了雄浑美丽的天空与大地。

中国 从春秋到盛唐

这片被黄河与长江滋养的土地，孕育了春秋战国时蓬勃生长的中华文明，在秦、汉的淬炼下，跌宕起伏，历经魏晋南北朝的分裂与融合，经由隋的再次统一，终于在唐成熟绽放。

就这样，在觥筹交错中，那个夜晚几乎所有人都喝多了。

他们沉醉在一个迷人的春天的夜晚。没有人注意到，风从东方来，万物已渐次生长。

阿倍知道，自己有幸看到了这个世界上最强大的国家最辉煌的景象。

清澈闪烁的穹庐之下，唐帝国正在诗意地运行。

盛唐，如同一场永远留在历史中的文明盛宴。在它的身后，将是中国的又一个千年。

人间烟火，山河远阔。

新的一天，太阳正在升起。

阳光透过窗棂照在阿倍的脸上。

阿倍醉了。

这应该是他来中国十年中，唯一喝得酩酊大醉的一次。他不记得是怎样回到自己房间的，只记得反复念叨着自己爱人的名字。

此刻，他特别想家。但他对这个国度同样依依不舍。

盛唐是一种风度。

即便喝醉了，也是盛唐的风度。

创作手记

阐释中华文化根脉的影像大历史
——《中国》纪录片的历史观和叙事表达

《中国》学术统筹　沙武田

　　任何一个民族和国家都有属于自己的历史，或漫长或短暂，但都是这个民族和国家得以存在和延续的根本。中国的历史上下五千年，有可靠文字记录的中华文明史至少有三千年，而且中华文化从未中断，绵亘未绝，独一无二，成为世界文明史上的一大奇观。

　　中华优秀传统文化在人类文明发展的历史长河中，灿烂而辉煌，与古罗马、古希腊、古波斯、古印度文明之间相互影响，相互促进，为人类历史的发展作出过巨大的贡献。著名的丝绸之路是人类文明的大通道和大熔炉，其中中华文明是这条大通道上的核心，甚至可以说起主导作用，因为丝绸之路最核心的地段或区域即在中国，相当部分又在中华文明辐射的区域内，而丝路的起点长安即是中华文明的重要发祥地。

　　今天的世界面临前所未有之大变革，国际上的各种势力此消彼长，信息化、数字化、网络化加强了世界之间的沟通，但同时也使得泛文化、低级文化、以自我为中心的文化鼓吹等不良现象占领更加广阔的空间，历史的优秀文化遗产往往因为历史本身的时间性等诸多客观因素的限制而被淡化甚至遗忘，优秀的人类历史文明也面临着新的时代考验，或重新担负起复兴不同民族的重任，或相忘于历史新时代的洪流中。

面对新时代的挑战，如何重新认识中华文明在人类历史长河中的独特贡献，如何让新时代的人们对三千年的中华文明史有属于自己的历史观，如何发挥历史优秀遗产的社会功能，我们要站在什么样的角度重新诠释这些优秀的历史文化遗产，诸如此类的问题，成为今天社会各界的共识和挑战。

壹 历史学人的新时代担当

毫无疑问，首先这个担子应该落在历史学家的肩上。历史学家本来肩负着弘扬历史、普及历史、挖掘历史文化价值、推动历史与现实结合的重任。的确，历史学家在这方面已经作出了卓越的贡献，有关历史的著作可谓是汗牛充栋，数不胜数。今天我们可以在各类图书馆、学校的课堂中、学术会议、学术论坛、学术讲座、学术沙龙中分享到他们的精神和思想，历史学家对历史的发现、发掘、思考总是激发人们对历史的感叹，激励对历史的思考，引导与历史接轨，实现历史与现实的有机结合。但这一切随着时代的进步而悄然改变，新时代的历史学家需要有新时代的史学担当，以前用笔书写历史，但当影像发展到今天，我们需要用影像著史。

今天的时代，人们已经离不开电脑、手机和网络，书本的阅读和在纸上用笔写作受到严峻的挑战，那种青灯黄卷式的传统的读书人和知识分子普通的生活方式不再普通。数字成果、网络知识铺天盖地，在这样的信息化时代，代表传统的历史学也难逃时代的冲击。

事实上，历史学家并没有墨守成规，顺应时代、与时俱进也是历史学家的使命和基本的人文精神，所以"数字人文"已成为这个时代新的历史交响曲。历史资料的数字化正在逐步实现，网络大大加速了历史与现实接轨的步伐，也使得历史从未如此接近普通人的生活，其中"影像史学"越来越受到人们的喜爱和青昧，或者说通过影像学习历史、接受历史知识正在成为人们生活的一部分。

我们最为熟悉的影像史学的手段恐怕就是纪录片了，用纪录片的形式呈现历史、讲述历史，是科技带来的成果。纪录片本身也已经有一百余年的历史。特别是近二十年来科技的进步、数码技术的革新、网络传播速度的不断提升、历史遗产数字化成果的制作、人们快节奏生活的需求、读图时代的来临，影像史学已然不可或缺，历史学家必须面对这个现实。

影像史学和纪录片的成果已经数不胜数，历史学家们已经在这片田地上大书特书，辛勤耕耘了一段时间，大型历史题材纪录片《中国》就是在这样的背景下的一部全新的作品。我本人作为历史工作者，似乎有种被历史洪流裹挟的感觉，参与到这部前所未有的特殊历史作品的制作过程中，感受到新时代人们对历史的强烈需求和对历史所赋予的伟大意义，体验到历史学人面对新事物时的彷徨与尝试转型的莫名激动。

面对《中国》这样的超级历史题材的纪录片，我深深感受到历史的博大精深，这种体验最开始的也是最大的冲击来自最初在选择所要拍摄内容时完全被浩瀚历史所淹没的无奈，以及处理影像的局限性和历史的无限性之间的矛盾，包括在历史事件和人物线索选择时那种找不到头绪和基础坐标定位的惶恐，还有复原历史事件的可能性时受到影像手段约束的迷茫，等等，一系列问题接踵而至。可以说，《中国》纪录片是新时代历史创作的一次艰难的尝试。

贰 影像史学的特性

这里必须提出一个现实的问题，即当我们面对、理解并接受影像史学呈现弘大的"历史叙述"时，必须要知道影像本身的规律和特点，或者说要认识到影像客观存在的局限性，但也要认识到影像呈现历史时的形象性的重要意义。

从设备和技术上来讲，今天的设备性能和技术手段，可以达到人们想要的任何效果，但是面对宏大的历史，影像呈现历史的局限性是不容置疑的事实。因为作为历史工作者，我们深深地知道，在历史的汪洋大海中，我们从典籍、文献、考古材料、口述史、人类学、民俗学等手段所得到的历史面貌，只是历史冰山的一角，所以今天的历史研究往往被认为是"碎片化的历史"，更何况影像史学呢。

因为，影像本身即有天然的缺限，首先，影像史学所面对的历史素材本身就是不全面的；其次，今天复原历史时已经很大程度上属于"假设历史"，有太多的不可靠性；再次，今天的任何形式的"历史再现"都不可能真正意义上"再现历史"。

更何况中国有文字记载的历史可以上溯到距离今天约3500年左右的甲骨文所记载的商朝人的早期历史；而自商周时期频繁出现的金文，距今也有差不多3000年的历史；至于我们今天熟知的春秋战国时期成书的《尚书》《春秋》《左传》《竹书纪年》等最早的一批史书，其时间超过了2400年；汉代司马迁所作的集上古历史大成的巨著《史记》也有2100年的时间，其后的历史时期有太多的典籍文献所记的历史。这些文字可记载的历史，可以达到最细节和最细微的记忆，即使如此，存在于文献中的历史也只是大历史中的一小部分，无法囊括历史的所有，也就是说即使是文字也无法记录历史全部。可想而知，文字所无法全部实现的历史记忆，要靠本身就有先天性缺陷的影像的手段实现，便无法求真实，只能求"形似"。

在这里，"形似"是我们破解这个难题的关键所在，这也符合影像自身的规律和特点，或者可以说形似与形象性恰恰是影像呈现历史时的优势所在。

所以，我们所看到的《中国》历史纪录片，只能是一部形似的历史，即是在克服影像表现手法局限性之后的一种"历史叙述"，但却是一部形象的历史。

叁 《中国》纪录片的基本历史观

选择用"中国"二字为本纪录片命名，首先面对的最大的课题和挑战是如何准确把握这一名称，也就是如何确立纪录片的"历史观"。因为一部纪录片要有基本的故事主题和基本的历史线索，要有完整的叙事结构，要有核心的故事即历史事件或人物。

任何人看到"中国"这个题目都会先入为主，给这个命题设置一个在极其广阔的时间和空间范围内确立主题和线索的难题，如果这样的话，基本上这就是个死命题，或者说无法实现的纪录片选题，因为"中国"的历史是个汪洋大海，纪录片的呈现方式，基本上是在大海中捞针。

但，我们并没有这种先入为主的被动，而是主动寻找突破口。

《中国》纪录的核心是讲述3000年的中华文明史，着眼的是大的历史逻辑，或者说"历史大逻辑"是这部片子的核心。

中华文明是漫长历史长河中多元文明凝聚的结晶，海纳百川，从未中断，汉字、儒家文化、礼仪制度、国家制度、家国情怀、孝道传统……这些都是中华文明的标签，我们要在这些关系到"中国"和中华文明关键或者核心的标签中找到解决问题的切入点。因此，当面对这个问题时，以汉字为代表的汉文化或者说儒家文化成为最吸引人的历史入口。

同时我们也知道，中国的历史跌宕起伏，有分裂、有统一，有伟大的时代和辉煌的成就，也有低落的时期与灰暗的记忆，但中华民族的根脉传承有序，作为"中国人的文化基因"从未丢失，神州广袤的大地上永远闪耀着华夏文明之光。那么，"中国人的文化基因"是什么？我们再次把眼光聚焦到汉文化即儒家文明这个点上面。

我们也看到，在中国漫长的历史长河中，在如此广大的地理空间内，朝代更替、文明更迭、民族更新、疆域变化、制度完善、宗教接受，让人眼花缭乱，应接不暇，但儒家文化、典章制度、人文传统、民族精神、宗教思想……总是一脉相承。

在看似动荡的历史乱象中一切都有序发展，前朝后事，总是有千丝万缕的关联；你中有我，我中有你，时代的延续、文化的传承，在中国从来都是有内涵的承接与延伸，这个内涵即是中国的文化之根本，是以有着三千多年历史的汉字所凝聚的文化、文明与思想。

同时，对于今天的我们而言，面对的是一个全新的时代。这个时代似乎比任何时代都更加需要每个人对自己国家和民族历史有清晰的认识。纪录片《中国》就是着眼于近三千年的中国历史、中华文明发展史、中国历代国家和政权变更的内在逻辑，把纷繁复杂的历史，通过固有的历史内涵，梳理其发展变化的轨迹，以电视语言的形式还原一个文明古国的宏大叙述。而我们理解的这个宏大的叙述，还是文明、文化、制度、传统、精神、思想层面上的一个历史大逻辑。

所以，最后，我们看到一个强大的生生不息的民族和绵亘不绝的国家的存在和延续，背后起作用的终归是文化、制度、传统、精神、思想，即中华民族所依赖的基本的儒家文化、国家制度、人文传统、民族精神、宗教思想。

有了这样的"历史观"或者说"历史大逻辑"，《中国》纪录片就有了灵魂，不再有老虎吃天的感觉，历史故事和历史人物的选择也显得从容了许多。

肆　《中国》纪录片的叙事表达

中国的历史纷繁芜杂，如何从浩如烟海的历史中整理出一条逻辑合理、线索清晰的脉络，构成一部完整纪录片的基本结构和素材，即本纪录片的叙事表达如何把握?

对纪录片叙事表达的把握,我们紧紧围绕《中国》的"历史观"即"历史大逻辑"展开;取舍的标准,即围绕儒家文化、国家制度、人文传统、民族精神、宗教思想进行取材。

《中国》纪录片着眼中国两千多年来的文化变迁、思想革新、制度更替、国家更迭和平常的生活,揭示中国大历史背后的思想和精神,关注历史长河中那些灿若星辰的人,描述历史关键点上的文化、思想、国家、政权、民族、宗教的变化。

因此我们关注的问题有:中国思想文化形成关键期,即春秋战国时代诸子百家的代表人物老子、孔子、庄子、韩非子等人以及他们的学说,还有这些学术对社会的推动力和各自的影响力,剖析代表性诸子学说的生命力;秦大一统王朝革故鼎新的全新气象,和影响中国两千多年国家制度的形成,解读像商鞅、李斯这样的代表人物所立下的汗马功劳;西汉王朝时期儒家文化在中国国家层面上作为思想意识形态奠定的关键的人和事,遥想当年,有汉武大帝、董仲舒、贾谊、天人三策……;东汉时期,以班超为代表的中国人在强势时代经营丝路和管理西域的难忘记忆,展示了那个时代中国的外交策略与思想,自信的中国人背后是一个自信的伟大时代;南北朝时期中国多民族国家的形成,南北民族大融合,以及宗教思想大发展的历史断面,我们看到了北魏拓跋宏和关陇集团代表人物宇文泰在中国历史大动荡时代在国家政治方面的不朽功勋,在他们的努力下又一个大统一时代悄然来临;中国走向盛世阶段的关键期,以及中国走向盛世时期北方关陇集团的形成与他们的作为,这一时期是北魏孝文帝、西魏权臣宇文泰、隋文帝杨坚等历史巨匠推动历史前进的时代,他们的历史轨迹开启了一个伟大的盛世时代;而大唐盛世时期长安城平常的市井生活,描绘和还原的是那个时代的影像与时世妆,无论是来自波斯的胡商,还是生活在长安的东瀛才子,都是长安万国来会的一个缩影而已，至此"中国"的盛世再次来临……

这就是宏大视野中的中国，也是微观世界的中国根本，是《中国》纪录片的叙事表达。

从中你或许会发现并认识一个不一样的中国，从历史中汲取营养，获取民族和文化的自信，坚定未来的步伐，因为今天的每个中国人都面临一个更加伟大的中国。

以温情与共鸣，致敬
浩荡无边的中国

《中国》总撰稿　邓建永

终于，纪录片《中国》第一季有了一个段落感的休止符。

2020年11月24日晚上6时许，三位审片人在《中国》1—6集的审片单上签下自己的名字。这意味着，片子已经走完所有该走的流程，可以播出。

我们，李东珅、周艳、沙武田和我怔了一下。那一瞬间，我有点轻微的飘忽和眩晕——

就这样结束了？

壹

其实，早在2014年，10集纪录片《河西走廊》做完的时候，我曾经感慨了一句：一部《河西走廊》，就是半部中国史啊。

这不奇怪，因为河西走廊自古以来就关乎国家经略。

接着，2015年《河西走廊》播出之际，我和北京伯璟团队合作，又做了一部5集的《重生》，将1921年到1949年的28年中国共产党历史捋了一遍。

在这期间，2015年4月29日午后，李东珅给我打电话，他说，我们做《中国》吧？我有点吃惊，并且高度质疑李东珅是不是有点膨胀了。

我说你是不是疯了，是不是做完中国之后就要做世界了？

电话那头他笑了。

事实上，我们在进入《中国》创作的过程中，差点就领命要做半部世界史了。那个片子叫《文明十国》。

贰

从最初的素材搜集、讨论、构思，到我真正动笔开始写《中国》，间隔了整整5个月。这个题目太大了，既让人兴奋，更让人迷惘。我始终找不到一个合适的调子和好的表达方式。

好在李东珅和北京伯璟的团队在努力推进，并且确定了《中国》第一季的主线。年轻的北大电影史专业毕业的研究生孔丽丽已经认真努力地写出了第一集历史素材初稿。但我还是迟疑着，不敢轻易动手。

我承认，写《中国》是需要莫大勇气的。

就这样瞻前顾后地拖延着，直到9月下旬，我因为栏目的一个西藏选题前往拉萨出差，就在这座高原圣城的某个夜晚，我眼前忽然出现了一幅画面。

那是一种强烈的冲动。

于是，我打开电脑，写下了《中国》第一集的开始部分——

不知不觉中，洛阳城外的天色渐渐黯淡下去。

但他们谈兴正浓，意犹未尽。

主人名叫李耳，客人名叫孔丘。

李耳，就是被后人尊称为"老子"的人；而孔丘，正是被历朝历代尊为圣贤的"孔子"。

这一年：

老子54岁。

孔子34岁。

他们都认为此时身处的时代正经历着前所未有的变局，但对于如何结束这种混乱无序的景象却产生了尖锐的冲突。

最终，他们谁也没有说服谁。

当李耳推门送客的时候，晴朗的夜空泛着微微的蓝光。

他们彼此微笑着执礼作别，但心中都已明白，今生今世，这样的对谈不会再有，而且，他们将不会再次相见。

主人注视着客人渐渐远去。

有一瞬间，他感到那个年轻的客人仿佛走进浩瀚星空。

清风徐来，李耳长久伫立在洛阳城外，一动不动。

此后，在漫长的5年时间里，《中国》的前12集每一集都经历过多次大改，但，唯独这个开头的调性从来没有被颠覆过。

可能是受到世界屋脊上神灵的启示吧？或者，有可能是那里的星空夜色嵌入了我的心灵吧？直到今天，我依然庆幸在世界上最高的地方忽然找到了一种叙述的姿态。

叁

其实，我的历史知识储备并不是很多，也没有完整而认真地读过一部有关中国史的大书，所以经常有朋友开玩笑，说应该把我送去北大历史系幼儿园小班上课。但事实上，尽管我对于历史并没有受到系统专业的训练，但对于精彩的历史还是有所感悟的。

更多历史观的养成，是来自我在央视纪录片栏目《探索·发现》从业时期，因为我们栏目主要就是以中外历史为拍摄对象的，所以我接触过五花八门、各种各样的历史与考古事件，观察过众多历史横断面。而几乎每一次都要从零开始，突然启动，四处查询，多方请教，争取在最短的时间里掌握尽可能多的资讯与史料。

回头望去，非常非常感谢我在《探索·发现》栏目所经受的巨大压力和严苛训练，包括对所有历史细节的考究。同时，我也特别感激在2013年开始的《河西走廊》创作，在两年多的时间里，我得到了以沙武田博士为中心的众多史学家们的帮助，对于中国史有了较为清晰的脉络感。

但要做《中国》，毕竟过于庞大和与众不同，因为每个普通人心中都有着自己对于我们中华民族浩荡历史的理解与感受。

我们必须确立属于自己的独特路径。

肆

在我们踌躇满志地开始《中国》前期准备的时候，李东珅选择了钱穆先生的《中国史纲》。他最初的那段话瞬间就打动了我——

"所谓对其本国已往历史略有所知者，尤必附随一种对其本国已往历史之温情与敬意。"

嗯，我喜欢这句话，正是这个"温情与敬意"深深打动了我。我希望我能对于过往历史中伟大的先贤充满敬意，设身处地写出他们的性格与飞扬的灵魂。

几经变动，我们最后在浩如烟海的历史进程中确定了三个关于人物与事件的选择规则：中国思想与文化的诞生与影响力；国家制度框架的定型和对后世的影响力；各民族的融合对于后世的影响力。有了这样的尺度，就有了顺其自然的裁度与筛选的考量。

那么，我们又该如何切割历史呢？

争论与疑惑总是不可避免的，但最终我们做了这样的划分——

第一集《春秋》更替，天地万物与人生思考爆发了宏大的轴心时代。

第二集《众声》喧哗，百家争鸣磨砺了各种思想的睿智光芒。

第三集《洪流》滚滚，法家的利器脱颖而出，助推了一个强悍铁血的新国家。

第四集《一统》江山，郡县制开创了治理超大型国家的一种制度安排的先河。

第五集《天下》秩序，独尊儒术让社会的运行平稳有度、秩序井然。

第六集《视野》辽阔，开疆拓土成就了贸易通道上的文明交流。

第七集《南渡》衣冠，只为了山不转水转的汉家中原延续传承。

第八集《融合》血脉，你中有我、我中有你成为华夏进步的基因。

第九集《佛变》当道，独辟蹊径，探索治国管理的新理念。

第十集《关陇》雄风，席卷广袤北方大地，淬炼坚韧钢铁意志。

第十一集《基业》重铸，呼唤华夏文明的荣光昔日重来。

第十二集《盛世》华章，旨在让万千百姓过上从容富庶的好日子。

线索与脉络的路径清晰了，从纷纭的人事中选择故事细节、谋篇布局就顺理成章了。

我们的标准只有一个，那就是：对标今天的现实，捕捉历史之河中那些意味深长的瞬间。

伍

对于一个职业写作的"打工人"，你要面对的是关山重重。

至于写作本身，永远都是枯燥乏味的、疲惫不堪的、日复一日的、繁杂的、寂寞的、孤立无援的、彼岸遥远的、仿佛永远也游不到尽头的、自我怀疑的、自己说服自己的过程……总之，你要有足够的忍耐力，要能坚持，保持平稳的心态，尽可能抓住每一次灵光乍现的瞬间。

如果你的运气好，这一集就会写得很顺利。但，大多数情况下都是艰涩的，甚至经常想放弃。

说句心里话，我的文学写作经历和2001年以后的电视从业训练足以支撑我一直写下去的勇气，也有着从不惧怕任何选题挑战的心理素质。面对高山仰止般的伟大人物，我总想，多大点事啊，人同此心，心同此理，只要你能真的沉浸在当时的历史氛围中，就能找到通往人物内心世界的钥匙，自然就会有强烈的代入感。

所以，很多年前我们做中共党史片的时候，面对年轻同事们的畏葸与忐忑，我鼓励他们：不怕不怕，咱们不必仰视他们，把视角放平，就把大人物当小人物来写，把小人物当大人物来写。将心比心，两千年来，尽管时代变化巨大，但人们最基本的感觉差不了太多，你所面临的疼痛和古人面临的疼痛是一样的。所以，我会尽力试着揣摩与接近我所要描写的古人，找到我们之间相似的感觉。

比如孔子，剥去他后来被罩上的层层光环，他也是一个有着七情六欲的普通人，只是他性格中有更多的倔强与坚持，有点像个杠头，认死理；但他同样也会有退缩的时候，也懂得变通，到了晚年，他和我们今天的老人也差不多是一样的，他也寂寞，也伤感，他的亲人都去世了，他极力兜售的思想四处碰壁，岁月风尘中，他渴望学生们来看他，等等。

如果写好了，自然就会赢得当下我们的共情与共鸣。

我常常想，怎样的文字才会打动别人？

从十几岁的少年开始，追逐文学与写作已经这么多年了，我总结的经验就是，除了阅历的丰富，文字的敏感之外，最重要的是态度的诚恳。

我想我在写作中始终秉持着平实、朴素的叙述样态，不装，不矫情，不做作，真诚一点，感性一点，少用形容词，少用层次复杂的长句子，简洁明快，最好让自己眼前能呈现出画面感，审慎而克制地蕴藏一些淡淡而美好的诗意。

这样的文字会有张力，会打动并感染别人。

这就算我纪录片创作的心得吧。

陆

毫无疑问，当今中国走到了一个风急浪高的十字路口。

我们所有人所要面对的，是中国的崛起和空前复杂的时局。

美国学者、媒体人大卫·保罗·戈德曼撰文说：面对中国在经济、军事、技术上的全面崛起，西方世界虽疑虑重重，却至今仍云里雾里，不知如何理解。

自然，我们这个民族是具有史学精神的民族，每当遇到历史大变局，我们总会自觉或不自觉地回看曾经的历史，希望能获得启示并找到未来的方向。创作《中国》让我了悟，其实，中国的今天还在5000年历史的延长线上运行着。

我知道古埃及和他们的金字塔曾经多么令人震撼，古巴比伦和两河流域曾经孕育过多么伟大的文明，我也曾去过南美的秘鲁，参观过他们辉煌的印加文化与太阳国遗址，但如今，往昔的荣耀早已随风而逝，无人接续。

而中国不同，中国人是这个世界上为数不多的还在和祖先使用同样文字和语言的民族，从老子、孔子、庄子、孟子、荀子，到后来的许多哲人，他们的影响如春风化雨、润物无声，依旧维系着共同的信念与价值观。

所以中国人了不起，我们知道曾经的来路。

2020年早春突如其来的新冠肺炎疫情像是一次严厉的大考，无论如何，我们的文化传统和我们的民族所迸发出的勇气最终抵御住了这场意外的袭击。从某种意义上说，这次胜利的源头可以上溯到秦帝国开始的变革与制度设计，更是一次悠久文化的胜利。

所以，一切历史都是当代史。

我们竭尽努力，希望呈现我们理解的《中国》。

我很喜欢《世界文明史》作者威尔·杜兰说过的这段话：文明就像是一条筑有河岸的河流。河流中流淌的鲜血是人们相互残杀、偷窃、争斗的结果，这些通常就是历史学家们所记录的内容。而他们没有注意的是，在河岸上，人们建立家园，相亲相爱，养育子女，歌唱，谱写诗歌，甚至创作雕塑。

是的，这个世界有种种的残酷与杀戮，但支撑着人类走到今天的，还有信仰、希冀和不经意间流露的爱与温暖。

这就是我们的生活。

这就是中国。

同样，我更喜欢孔子那个近乎固执的老头，喜欢他站在夕阳坠落的岸上，面对滚滚滔滔的河水，发出的那一声感叹：逝者如斯夫，不舍昼夜！

两千年后，我们会同样重复这样的感叹。因为我们人类的祖先最开始都是在靠近大河的地方生活，他们对于水与河流有一种与生俱来的亲近感，并且看到了生命的诞生与死亡，也看到了延绵不绝与生生不息。

这就是我写《中国》所带来的感动，也是我"此生无悔入华夏，来世还做中国人"的精神共鸣。

柒

通常，作为一部纪录片的总撰稿，我的使命在交到实际拍摄的编导摄像手上时就基本完成了。而最终呈现在人们眼前的这部纪录片，是一个巨大团队、诸多工种呕心沥血、昼夜兼程的最终成果。他们展现出的勇气、信念、激情与智慧感人至深，叹为观止。

这部纪录片背后的故事足够写一部长篇纪实文学了，希望有一天我会鼓起勇气来写，并以此感谢每一位与我命运交织的人。

至于我自己的叙事则可以追溯到1986年8月。那是一个风轻云淡的午后，我乘坐甘肃区域地质调查队的北京吉普翻上祁连山脉的著名隘口——乌鞘岭。我请司机停车，在公路边匆匆拍了张照片。

当时山顶上有雪，气温很低，很寒冷。这一年，我29岁，第一次翻越乌鞘岭，肩负创作甘肃地质工作者奋不顾身追索发现矿藏的报告文学《共和国不应忘记》。

2013年，我第二次翻越乌鞘岭时是为了《河西走廊》的前期采访。这一年，我56岁。

2020年，当我再次翻越乌鞘岭的时候，北京伯璟团队正在紧张窒息、不舍昼夜地拼命鏖战《中国》后期。此时，我已经63岁了。长河岁月，滚滚滔滔，我却溯流而上，追索到三千年前那些时光。

想到这些，真是感慨万千。

我想我已经把这个感慨写进了《中国》开篇第一集的结尾——

一个彬彬有礼的温暖时代结束了。

于是，以后的人们按照孔子所编著的《春秋》卷本将这个时代命名为"春秋"。

"春秋"，一个极富诗意的名字。能够和它比拟的，就只有"岁月"了。在没有了孔子的岁月里，他所奔走呼号的理想模样渐行渐远，而各个诸侯国之间的战事越来越频密。

春种秋收，寒暑易节，大地依旧在按照自己的节奏运行，而生活也在跌宕起伏的纷争中向前伸展。假如能够看得更远一点，人们就会知晓：在这片后来被叫作"太平洋"的广阔海洋西侧大陆腹地，新的生机与希望，正在酝酿。

其实，我想说的是，在《中国》这部纪录片里，每一个人和每一个故事，每一个岁月轮转的春秋，都浸润在我们灵魂深处，并且绵延不绝，无边无际。

关于《中国》拍摄的若干回忆

《中国》视觉监制、摄影指导　罗攀

很短暂，很浪漫，纪录片《中国》突然就拍摄完成，现在已经正式开播。回忆起拍摄过程中，我曾经跟制片人李东珅提过一个问题，为什么《中国》的拍摄让我如此难忘？他说了几点，其中一点我很认同：它让你有了自由。

自由，是一个很美好的词汇，尤其是作为艺术创作，但是同时它也是一种压力，既然你都自由了，你再也找不到任何借口来规避自己创作上的无力。现在回忆《中国》的拍摄过程，这一种自由所带来的快乐和压力，一直并存。

用什么样的影像来表达中国漫长而丰富的历史，这是我的课题，听起来很艰巨，的确也很艰巨。不过我想说的是，它并不苦涩，因为我自幼爱好读书，是一个历史爱好者。孩提时代，对于中国历史的了解，我更多是从小人书的画面而来。说实话，小时候看的那些关于中国历史的连环画，是非常优秀的历史美学普及教材。它们都是由中国当时最好的美术和连环画大师们创作的，无论是画面描绘技巧，还是意境美学等，都是一流的作品。如果说我对中国历史有了最早的视觉感受，这些高品质的历史连环画绝对是最早、最重要的灵感来源。

制片人和导演第一次见到我，是在我的工作室里面。那天天气阴沉，略有一些寒冷，不过我们的谈话却非常愉快。在会谈之前，我读过两集剧本，第一集《春秋》和第七集《衣冠南渡》（后更名为《南渡》）。这是从12集剧本中我自由选择出来的。第一集吸引我，主要是因为它讲述了孔子，这是我感兴趣的。第七集《衣冠南渡》，则完全是因为这个有吸引力的题目。我是一个南方人，很早就对魏晋风度有所耳闻和向往，所以看到这一集的名字，立刻引发了我的阅读兴趣。由于剧本特别好，我从一开始就提出了我的主要拍摄主张：假定性的、舞台感的历史场面还原，利用高速摄影传达历史的庄严和典雅，用最复杂的手段拍摄最简单的东西，同时用最简单的手段拍摄最复杂的东西。李总欣然同意了我的方案，于是我们开始筹备。

那么我提出的这些艺术主张到底如何落实到具体的拍摄中去呢？制片人给了我巨大的自由，同时我也肩负了巨大的压力。

比如选景的问题。《中国》的选景，从外表上看和一般的历史片选景也没有什么特别大的区别，但是我们却善于从"大"的环境中寻找"小"的意境。哪怕是一小片竹林，一棵漂亮的树，一堵质感丰富的墙，甚至是一块地上树叶的阴影，都是我们的选择和关注之处。我们不在乎建构完整的历史场面，甚至也不愿搭建哪怕一个完成的院落或者房子。

我们希望能够在细微的地方，找到和历史某个决定性瞬间在精神上、意识上相通的契机。从这里表达历史，给我们的感受很微妙。举一个简单的例子：第二集中，讲述孟子艰难的游历论政之路，我一直思考着要如何表达他内心的苦楚和坚韧，在绝望之下依然保留对自己学说强大的自信。就在这个时候，我突然在一片阳光明媚的树林中，发现一棵独立生长的梧桐树。它枝干苗壮、苍劲有力、益然向上，宛如一条直立的巨蟒，那一瞬间，我突然找到了灵感。我们拍摄了孟子在林中行走时，突然与这棵树偶遇，他凝视着大树，两者相互交流的镜头。在看监视器的时候，我是感动的。或许历史上根本就没有发生过这样的事情，又或者即便发生了，也不会引起历史学家的认同。但是作为现代的观察者和艺术创作者，我有理由再现这一切，用几秒钟的"小"时间，来传达对"大"历史的判读。这样的例子还有很多，细心的观众应该可以发现。

人们总是在谈论历史问题时，提出真实感的问题。真实，当然是极其重要的，纪录片就更不用说了，失去了真实，纪录片将失去基础。但是问题在于，历史早已过去，除非有影像资料，否则对于过去的历史，从影像再现上谈论"真实"本身就是一个矛盾。《中国》要"记录"从春秋战国到唐朝一千多年的历史，在真实问题上该如何处理呢？它和普通历史题材的影视剧又有什么区别呢？

可能听起来有一些奇怪，但我的方法就是：一定程度上破除"真实感"，强化假定性。这就让人费解了。我的理由是：真实是一条渐进线，没有人可以做到真实。越是努力地去贴近真实，反而会因为各种客观因素而大打折扣，而绝对的假定性却会获得另外一种"真实"，这种真实不是外在层面的，而是运用某种手段，引导观众去在自己的头脑中建构他们认同的"真实"。中国京剧的舞台艺术，就是由这种极度假定性带来某种真实的例子。

我们用一扇门、一堵墙、一个屏风，甚至是用黑暗，来完成对于历史某些场景的建构。这些具体而微小的道具、场景片段只是代指真实，而不是真实本身；是所指，而不是能指。这就是我们的方式。在第三集、第四集中，我们在摄影棚拍摄秦国和汉朝的宫廷的历史还原，基本上除了必要的道具，比如床榻、座椅等，我们完全放弃搭建任何空间结构的东西，让原本需要有结构的地方，完全处于黑暗之中。所有的历史场景，仿佛一幅幅卡拉瓦乔的油画，隐秘在黑暗中的所有细节，需要依靠观众自己的想象和意愿来完成。

同样的手段，我们在第五集和第十二集中也使用了，只不过那些被我们省略的空间细节，用沙漠的空旷和乳白的背景来代替。

大量的省略，解放了我们的负担，尤其是制作层面的负担，同时带给我们更多艺术创作空间上的自由。想起在内蒙古沙漠拍摄敦煌翟家故事的时候，当我看到一面简单的墙壁、一张枣红色的卧榻放置在金色的沙漠之上，身着绿色飘逸长裙的女演员坐在上面对镜梳妆的时候，一时间我都恍惚起来，真实和虚幻共存，不过有一点是清晰的：历史的气息从远方传来，简即美。

我们所有的创新，因为自由所带来的快乐的同时，也给我们的创作团队带来压力和疑虑。美术师、演员等，一开始都会对我们这样的艺术手段产生不适应。因为这和他们过去的工作经验和工作模式大相径庭。他们离开了舒适区，自然会引起焦虑和不安。不过很快，我们所有团队的成员，被我们自己所创作出来的东西慢慢说服。当演员看到我们拍摄的画面，渐渐地也喜欢上我们独特的风格。他们没有台词，甚至缺乏调度，这意味着他们必须更加强化神韵，这其实是演员最最难的部分。我在许多时刻，都会有这样的一种焦虑：如何用一个画面表达这个人所有的气质？当然这是不可能的，因为每一个人都是复杂的、多面的。那我至少要用一个画面来完成这个历史人物某一个特定时期的气质。

灵感往往伴随着很多偶然突然降临。记得有一次我们在拍摄第三集的时候，天色已晚，暮色降临，突然一阵风过，惊起不远处的一片垂杨柳迎风飘舞，千丝万絮。我立刻呼唤饰演李斯的演员李博，让他立刻站到柳树之下，持剑而立，面向天空，随后我们开机。其实包括演员，我们都不知道我们在做什么，但是那个镜头漂亮极了。演员很有感觉，尽管可能他的脑子是空的。事后，我跟他说：那一刻，我就感觉读书时代的李斯，就是那棵柳树，迎风而舞，向机而行，观天下而识时务，没有比这更能恰如其分地表达那个学生时代的他了。

自由的表达并不意味着随心所欲，因为大多数情况下，不经过认真准备和思考的创作都是盲目的，甚至是错误的，起码是乏味的。《中国》的拍摄过程，让我梳理了自己从读书以来，对于中国历史所有的认知和想象，再结合摄影技巧和技术，我才能够把它有限地表达出来。即便是在拍摄过程当中，我也会继续阅读相关书籍，从中找到知识和灵感。

这个拍摄过程短暂而精彩，非常难忘。大家一起努力，有过争吵，有过矛盾，但是更多的是相互尊重，倾听别人的想法。最后我要说的是，如果说什么东西真正奠定了我拍摄构思的基础，我只能说是我对中国历史的热爱和它本身的博大和宽容。

后记

关于纪录片《中国》第一季，理性的话已经在总导演阐述中絮絮叨叨说了很多，似乎没有什么未尽之言了。但是，总觉得还缺少点什么，或许是一点感慨吧。

我一直觉得自己的运气不是很好，但是这一次，在与《中国》同行的日子里，我觉得我特别幸运。幸运地遇到了《中国》这个伟大到不可复制的片名，幸运地得到了先贤的指引，让散落的历史碎片形成了逻辑链条，幸运地遇到了那么多优秀的合作伙伴，让我梦想成真。

此前，在数年的筹备中，我曾经常被人问及这样一个问题："谁会给这样的纪录片项目投资呢？"

每次，我都会假装笃定地回答："一定会有的！"

真的会有吗？我并不知道。

纪录片小众、缺少流量、历史类题材过于严肃、没有商业植入可能性……这些，都是被拒绝的无可辩驳的理由。

但，商业是一部作品唯一的价值体现吗？显然不是。

2019年2月16日，我在长沙拜访了张华立先生。他听完我的项目介绍，只说了一句："湖南台需要有价值的作品，我们一起做吧。"

那一天，是我四十岁的生日。感谢华台的知遇，之后两年里，他的信任与鼓励给予了我们最重要的支撑。

与湖南卫视和芒果TV的缘分就此开启。此前对他们的印象是简单而刻板的，觉得他们很市场、很娱乐。经历了这一次的深度合作之后，他们留给我最深的印象就是——专业。

基于专业，他们给《中国》的创作、播出、宣传等，提供了高效的保障。非常感谢，是他们让我深刻体会到了"敢为人先"这四个字的含义。

感谢湖南广电的诸位同仁！

拍摄结束后，大约过了一个多月，摄影指导罗攀给我发微信，说他很怀念在《中国》剧组的日子。

其实我也是。直到现在，我还时常会闻到在《中国》剧组期间那种特殊的空气味道。之前我们说，剧组是一种假定性生活，杀青了就散了，可能彼此再也难以见到，甚至不会回想。但为什么这次不同以往？

我们得出了一个结论，那就是创作的自由。由于我们的去剧情化，创作自由度很大，只要这种自由的结果符合历史的可能，那我们就尽可以去尝试各种方案。于是每天的拍摄都在动态调整，而这种调整的代价是剧组每一个工种都需要不断自我否定。

否定自己过往的经验是很难的事情。我们就是在这样的否定又否定中，一起度过了八十天难忘的剧组生活。在这个剧组里，最多被提及的两个概念，就是"假定性"和"脱离思维舒适区"。

过程是无比艰难的。记得拍摄杀青那天晚上，我们在现场播放了后期部门剪辑的片花，很多人看哭了。有一个同事说："这个视频可以给我拷贝一份吗？我想发给我爸爸看看，让他知道他的儿子在从事一件有意义的工作。"

谢谢大家，谢谢大家的付出，不知道你们会想起在《中国》剧组的日子吗？你们都还好吗？我很想念你们！

拍摄完回到北京，又要面对更彻底的"脱离思维舒适区"的工作方式。

周艳、邓老、远昊、老卜、冬亮，我们一起看素材，根据素材重新构架、书写解说词本，最后呈现的就是大家看到的这本书里的文字。这些文字又是基于每一集近十稿的纠结、打磨、否定再否定。

每一稿似乎都还有再完善的可能。直到周涛、何炅分别走进了录音棚。好吧，就这样定稿吧！

梅林茂先生、徐鲤先生用他们的旋律，为我们的讲述增添了更加丰富的情绪；张艺竞用她丰富的电影声音设计经验帮助我们调整着观影节奏，虽然她每天都会说一遍"再多几天时间就好了"，但其实，我已经觉得很好了。

熊殷博士和中教华影全国校园院线发起的"《中国》校园行"活动，第一站来到了厦门大学，这也是纪录片《中国》第一次面对观众。那一天，同学们的现场反馈给了我很大的鼓励，谢谢他们。我知道，一部片子有一部片子的命运，从那一天开始，它就要独立面对所有观众的喜欢或者不喜欢、呵护或者挑剔。总之，作为创作者，我们已经倾尽全力，祝它好运！

2020年12月7日19时30分，纪录片《中国》在湖南卫视、芒果TV首播。20时08分，湖南卫视总编室主任周海给我发了一条微信，是一个实时收视率曲线截图，最高点为0.6297%，并且附了一段话："纪录片在和所有电视剧对打，走势如此，开心！"我也很开心。实事求是地说，我一直很担心这样一部"严肃的纪录片"拖了湖南卫视收视率的后腿。为了不让我有太大压力，海哥在探班时跟我说，"只要片子好，你别太担心收视率"。但我知道，其实他的内心也是担心的，哈哈！

12月10日，第一周前四集的播出结束后，晚上11点我打电话给国家广电总局宣传司马黎司长，她还在办公室没下班。宣传司是纪录片《中国》的指导单位。我给马司长汇报了第一周的播出情况以及网络反馈，马司长说："我现在正在看网友们的评价，我放心了！"谢谢马司长！

《中国》自播出那天起，就拥有了独立的艺术生命，并在抵达受众的过程中，被赋予了多种生命形态。

纸质书即是其中一种。感谢上海世纪出版集团、上海人民出版社，他们让一部充满光、影、声、色的纪录片，完美地落到了纸上。

谢谢每一位为纪录片《中国》付出的朋友，谢谢每一位耐心看完或没看完十二集的观众，谢谢买了这本同名书的您！

纪录片《中国》还在继续，我们会全力以赴，希望第二季、第三季越来越好。

天佑《中国》，天佑中国！

李东珅

2021年2月16日

图书在版编目（CIP）数据

中国：从春秋到盛唐/纪录片《中国》创作组著.
一上海：学林出版社，2021
ISBN　978-7-5486-1763-1

Ⅰ.①中…　Ⅱ.①纪…　Ⅲ.①中国历史－研究
Ⅳ.①K207

中国版本图书馆 CIP 数据核字（2021）第 033798 号

责任编辑　胡雅君　石佳彦
封面设计　谢定莹

中国
——从春秋到盛唐
纪录片《中国》创作组　著

出　　版	学林出版社	
	（200001　上海福建中路 193 号）	
发　　行	上海人民出版社发行中心	
	（200001　上海福建中路 193 号）	
印　　刷	上海盛通时代印刷有限公司	
开　　本	787×1092　1/16	
印　　张	23.75	
字　　数	31 万	
版　　次	2021 年 3 月第 1 版	
印　　次	2021 年 5 月第 2 次印刷	
ISBN	978-7-5486-1763-1/K·214	
定　　价	100.00 元	

（如发生印刷、装订质量问题，读者可向工厂调换）